阳光普法
关注民生 传播法律

法律故事书系列

快乐成长·法律相伴
The First Law Story Book

代晓琴◎著

5分钟法律故事

青少年

警示篇

双色插图本

【第二版】

中国法制出版社
CHINA LEGAL PUBLISHING HOUSE

前言

5分钟很短，我们或在发呆中度过，或在等待中度过……一天中有很多5分钟在不经意间溜走，如果我们能从中抽出一个5分钟来阅读，养成阅读习惯，必将受益终身。

全民普法和守法是依法治国的长期基础性工作，坚持从青少年抓起，把法治教育纳入国民教育体系，引导青少年从小掌握法律知识、树立法治意识、养成守法习惯，是当前普法工作的重中之重。青少年要怎样预防犯罪？受到不公正待遇时如何维权？要怎样拿起法律武器保护自己？《民法典》颁布以后，我们的权利和义务发生了哪些变化，也是一个值得了解和深思的问题。

此刻，阅读普法书籍显得尤为必要。然而，一味苦读法律条款未免枯燥，也不适合青少年的年龄特征，更难以触动他们的心灵。故事，是一种喜闻乐见的文学表现手段，更是我们钟爱的阅读形式之一。

这套《5分钟法律故事（第二版）》按内容分为维权篇、警示篇、自护篇共3册，除了保留第一版故事性的优势之外，还从《民法典》的角度诠释案例，给读者普及最新的法律知识。笔者力求在不给学习增加负担的前提下，让读者在每天5分钟的空隙时间轻松阅读，潜移默化地知法、懂法、守法，以此预见性地避免、减少犯罪几率，并让青少年学会善于运用法律法规维护合法权益。

笔者真诚希望翻开这套书的小读者们能在快乐、轻松的阅读氛围中，增强法律意识、提高法律素养，让本书为你们的健康成长保驾护航。

现在，让我们翻开它，一起来读！

代晓琴

2020年11月1日

目录

1. 超速的“电动车”

都是电动车，和
速度有什么关系？
因为速度才是
问题的关键。
本庭宣判小辉赔付原告
方医疗费、误工费等费
用共计8.2万元……
为什么？
你的车超过这个标准，
应属于机动摩托车。
好吧，我修车。
再也不犯错了。

2013年夏季的一天傍晚，某市三环路双黄线上发生一起交通事故，两辆电动车迎面相撞，事发车主双双受伤，分别花费数万元医疗费。双方在理赔方面未达成协议，到法院裁决，结果其中一辆电动车车主被判赔偿责任。这事令很多人费解。

被判赔偿责任的车主叫小辉，18岁。

小辉出生在农村，父母常年在外打工。和很多留守儿童一样，小辉不爱学习，中学没毕业就到镇上一家摩托车修车行当了一名学徒工。

车行“鱼龙混杂”。不久，小辉便和一群“飙车狂”打得火热。看着大家有事没事就上道飙车，小辉心里直痒痒。

一次偶然的机会，小辉如愿以偿得到了一辆二手电动车。凭着在车行学到的理论，他摸索出只要剪掉电动车的限速线就可以成倍提速的技术。

“哈哈哈，我发现我真是一个天才！”小辉说干就干，立即剪掉了二手电动车的限速线。正如他想的那样，本来时速只能达到15公里的电动车，一下子跑得飞快。

就这样，小辉“顺理成章”地成为飙车一族。除了时不时地和大家飙车之外，他上班下班也把车骑得飞快，让行人胆战心惊。

“你最好还是慢点，不然迟早会出事的。”他周围的好心人见了，纷纷规劝。对此，小辉不但不听，反而嫌别人啰唆。

不知道是运气好，还是“技术”好，几年下来小辉都没有出事。这让他变得更加嚣张，时常以一种挑衅的口气对待规劝他的人：“看看，我的技术有多好，怎么可能出事呢？”

大家都摇头无语。

出事那天傍晚，小辉本来和小伙伴约好一起飙车，但由于车行临时接到修车任务，耽误了时间。修车任务完成后，小辉把电动车提到最高速度，直“飞”三环路。

三环路车辆相对比一环路、二环路少。为了过足瘾，小辉把电动车骑向道路最中间的双黄线，得意地眯着眼睛“飞”。正当得意之时，对面来了一辆电动车，车主王大爷眼睛不太好，加之夜色朦胧，又忙着往家赶，没来得及刹车，这才导致双双重伤。

一老一少住进医院，双方的家属很快赶来。

小辉的父母认为双方都有过错，各自给付医疗费即可。但王大爷的儿子了解情况后，愣是要小辉父母赔付他们的医疗费。

“事发时，双方都走到双黄线上，过错一样，凭什么要我们给你赔偿？”小辉父母听后，很生气。为此，两家人大闹起来。

“虽然我父亲不该行进在双黄线上，但你儿子的车速太快，令我父亲躲闪不及才酿成大祸……”王大爷的儿子说。

“速度有什么关系？”小辉和他的父母认为两家都有过错，也不依不饶起来。

“因为速度才是问题的关键。”王大爷的儿子执意要对事发车辆进行测速。双方僵持不下，由王大爷儿子请来交警调解。

怀着得理不饶人的心理，小辉及其父母一点也不示弱。

交警对小辉的电动车进行了雷达测速实验，发现其最高时速为 51 公里，而王大爷的仅为 15 公里。

“小辉是过错方，理应赔偿。”交警说。

“我这是电动车，他的也是电动车。我不依。”小辉委屈地说。

“在这起事故中，小辉的车应当定义为机动车，一切按照机动车肇事处理。”交警的表情很严肃。

由于交警是王大爷的儿子叫来的，小辉及其父母怀疑他偏袒对方，于是两家人闹上了法庭。

“我国《道路交通安全法》第七十六条第一款规定，机动车与非机动车驾驶人、行人之间发生交通事故，非机动车驾驶人、行人没有过错的，由机动车一方承担赔偿责任；有证据证明非机动车驾驶人、行人有过错的，根据过错程度适当减轻机动车一方的赔偿责任；机动车一方没有过错的，承担不超过百分之十的赔偿责任……据此，本庭宣判小辉赔付原告方医疗费、误工费等费用共计 8.2 万元……”法官一锤定音，宣判小辉承担事故百分之九十的责任。

“可是，我的车明明是电动车呀。”小辉觉得很委屈。

"我国《电动自行车通用技术条件》把'以蓄电池作为辅助能源，具有两三个车轮，能实现人力骑行、电动或者电助动功能的特种自行车'定义为电动自行车，最高时速不大于 20 公里，整车重量不得大于 40 公斤。你的车速明显超过这个标准，应属于机动摩托车。"法官解释得头头是道。

小辉后悔不迭，决定以后好好修车，好好做人，再也不玩什么超速飙车了。

（文中人物均为化名）

法律知识链接

《机动车运行安全技术条件》（GB 7258—2012）第 3.5.1 条对普通摩托车的界定为：无论采用何种驱动方式，其最大设计车速大于 50km/h，或如使用内燃机，其排量大于 50mL，或如使用电驱动，其电动机最大输出功率总和大于 4kW 的摩托车，包括两轮普通摩托车、边三轮摩托车和正三轮摩托车。

《道路交通安全法》第五十八条规定，残疾人机动轮椅车、电动自行车在非机动车道内行驶时，最高时速不得超过 15 公里。

本故事中，小辉所骑行的电动车虽然名为电动车，但时速超过 50 公里，故被定义为"机动车"。

2. “探险家”的困惑

我们怎么一直在山坳里转悠？
我们不妨用SOS求救。
搜救队来了我们终于可以回家啦！
你们得跟我们走一趟。
每人罚款500元。
这是给民警救人的工钱吗？
我国《自然保护区条例》第二十七条第一款规定，禁止任何人进入自然保护区的核心区。罚款只是一种警醒手段。
是，我们知道错了……

鹰山是一处国家级自然保护区的核心区，那里山幽林茂，风景如画。因十多年前两个村民到山上挖药材失踪，而有了“迷魂凼”的别称。迷魂凼的神秘虽让当地老百姓望而却步，但却阻挡不了探险者前进的步伐。

小牧、小博和马伟都喜欢探险，从小就立志成为探险家，因学业繁重一直未能如愿。18 岁那年高考后，三人相约去迷魂凼探险。

经过一路颠簸，他们来到鹰山山脚下。乍一看，鹰山与其他山并无不同，三个人于是大着胆子向前行。

“我们怎么一直在山坳里转悠？”山上大树参天，鸟儿欢唱。三个人不知不觉行进了好一段路程。当他们进入一个山坳时，小牧突然警觉起来。

小牧这么一说，小博和马伟也发现他们一直在原地打转。

“难道我们误入了传说中的迷魂凼？”小博发出一声惊叫。马伟对地理方位最敏感，他示意大家镇静，并不慌不忙地在前面带路。

大家对马伟的方位感很信任，于是紧紧跟在他身后。但遗憾的是，马伟也没办法带领大家走出去。不过，马伟也不是一点儿准备也没有，他又拿出事先准备好的指南针，认定一直向南走就会“突出重围”。令他没想到的是，指南针一会儿指着这边，一会儿指着那边——一切迹象表明，指南针失灵了。

顿时，气氛一下子紧张起来。

"快打电话求救！"马伟算是三个人之中比较冷静的，他开始给家里人打电话。没想到的是，他的手机没了信号，电话打不出去。于是，他又让小博和小牧打电话，结果小博和小牧的手机也没信号。

"怎么办……"马伟也慌了手脚。三个人没头没脑地在山林中疾走，可遗憾的是始终没能"突出重围"，只在老地方打转。

暮色渐浓，参天大树在三个"探险家"眼里不再美好，仿佛成了一个个高大的魅影。他们停下脚步，不再疲于奔命。

"我们不妨用 SOS 求救。"小博平常喜欢看侦探小说，知道国际摩尔斯电码救难信号。

发出此信号的方式取决于受难者的情形和可用的材料。譬如：如果你具备放出声响的条件，可发出三短三长三短的声信号；如果有灯光，如手电，可用开关灯的方式发出三短三长三短的光信号等。恰好小博带了手电，他于是用手电对着夜空不停地发出求救信号。

半夜时分，搜救队来了。原来，附近夜归的村民看见从山上射向夜空的手电光，报了警。

"我们终于可以回家啦。"小牧、小博和马伟一脸轻松，希望民警叔叔快点送他们回家。

"你们得跟我们走一趟。"民警叔叔的话让三个"探险家"

一脸困惑。

三个“探险家”被带到当地自然保护区管理站。民警叔叔叫来了他们的家长，待大家到齐之后，管理站的工作人员给他们分别开具了一张500元的罚单。

“这是给民警救人的工钱吗？”三个“探险家”和家长们有些不高兴。

“民警叔叔救人不要你们开工钱，但你们擅自闯入自然保护区核心区，应依律而罚。”工作人员不像是在开玩笑。

“我们只是想去探险，没有危害到谁。难道这样也不行？”小博噘着嘴。

“我国《自然保护区条例》第二十七条第一款规定，禁止任何人进入自然保护区的核心区。因科学研究的需要，必须进入核心区从事科学研究观测、调查活动的，应当事先向自然保护区管理机构提交申请和活动计划，并经省级以上人民政府有关自然保护区行政主管部门批准；其中，进入国家级自然保护区核心区的，必须经国务院有关自然保护区行政主管部门批准。”工作人员拿出一本法律书。

由于擅闯自然保护区核心区的证据确凿，三个人无话可说，重重地垂下头。

根据《自然保护区条例》第三十四条的规定，未经批准进入自然保护区或者在自然保护区内不服从管理机构管理的，由自然保护区管理机构责令其改正，并可以根据不同情节处以100元以上5000元以下的罚款。工作人员告诉大家，罚款只是一种警醒手段，更重要的是要大家爱护大自然。

“同时，这也是对法律的尊重。”家长们明白过来，纷纷点头称是。

“学法很重要。”三个“探险家”拿出自己积攒的压岁钱交了罚款。通过这次教训，他们对法律有了更深刻的认识和理解。

（文中人物均为化名）

法律知识链接

《自然保护区条例》第二十七条第一款规定，禁止任何人进入自然保护区的核心区。因科学研究的需要，必须进入核心区从事科学研究观测、调查活动的，应当事先向自然保护区管理机构提交申请和活动计划，并经省级以上人民政府有关自然保护区行政主管部门批准；其中，进入国家级自然保护区核心区的，必须经国务院有关自然保护区行政主管部门批准。

第三十四条规定，违反本条例规定，有下列行为之一的单位和个人，由自然保护区管理机构责令其改正，并可以根据不同情节处以100元以上5000元以下的罚款：

（一）擅自移动或者破坏自然保护区界标的；

（二）未经批准进入自然保护区或者在自然保护区内不服从管理

机构管理的；

……

本故事中，小牧、小博和马伟为了探险，未经批准闯入自然保护区的核心区，违反了《自然保护区条例》的相关规定，故依照法律规定受到罚款的处罚。

3. 玻璃窗上的“弹孔”

窗子上怎么会有弹孔？子弹不长眼，要是打到人可不得了。报警吧。
从钢弹珠嵌入课桌夹缝的力度来看，射击者应该用了致伤力很强的枪支。
你非法持有枪支，已经触犯刑法。跟我走一趟！
打穿玻璃，我承认赔钱，还不行吗？
有期徒刑八个月
呜呜呜呜我错了。

夜色拉开序幕，奔波劳碌一天的人们回到家中，小城逐渐安静下来。先锋路小学的门卫老李斜卧于床头，渐入梦境。突然，一声清脆的枪声传入耳畔。顿时，老李睡意全无。他翻身而起，对校园进行了一番仔细巡查，结果在一间校舍的玻璃窗上发现一个弹孔。“子弹不长眼，要是打到人可不得了。”老李越想越怕，赶紧拨打了报警电话。

值班民警小肖接到电话后，以最快的速度赶到“案发”现场。肖警官对弹孔的大小、形状和玻璃的破裂程度进行了一番仔细观察，初步推断射击者的位置应在先锋路小学的正对面。

那是一栋废弃的烂尾楼，平时很少有人出入，所以肖警官不排除嫌犯射击之后藏匿的可能性，他于是逐一排查了烂尾楼的每一个楼层。遗憾的是，他既没有发现可疑人员，也没有发现射击者的任何蛛丝马迹。

有些失望的肖警官冷静下来，想到弹孔既然是从正对面射击而成，那么子弹应该留在校舍内，于是赶紧折回校舍。奇怪的是，他连子弹的影儿也没见着。

“刚才的枪声很真切，而且玻璃窗上不会平白无故有个弹孔！”老李重复着刚才的所见所闻。这让肖警官坚信校舍里一定会留下什么东西，于是他和老李再次对校舍进行了一番排查。这一次，他们在课桌的夹缝中发现了一颗钢弹珠。

“从钢弹珠嵌入课桌夹缝的力度来看，射击者应该用了致伤力很强的枪支。射击者之所以不用子弹而用钢弹珠，很有可能是因为他只拥有枪支而没有子弹，才想到用钢弹珠代替子弹……如此一来，我们只要找到钢弹珠的来源，就有可能找出嫌犯。”肖警官把钢弹珠的大小和弹孔的直径做了一番比对后，断定钢弹珠就是造成弹孔的“祸首”。

紧接着，肖警官对钢弹珠进行了一番仔细研究，结果发现其表面残留有极难发现的油渍，他于是猜测那应是修车行常用的轴承钢珠。为此，他对附近几家车行进行了严密的盘查。

很快，一家车行的老板提供了一条重要的线索。他告诉肖警官，前不久车行雇用了一名17岁的暑假工俊如。俊如常趁工作之便，悄悄拿走车行的轴承钢珠。因为每次都是一两颗，老板觉得不值钱，所以也没介意。

肖警官一听，立即警觉起来。他在车行老板的带领下，没费多大力气便找到俊如的临时住所，并搜查出三支仿真枪和一大把钢弹珠。

俊如承认是三支仿真枪的枪主，也承认事发当晚，他因觉得无聊，去烂尾楼玩枪不慎走火的事实。

“跟我走一趟！”肖警官的表情很严肃。

“打烂玻璃，我承认赔钱，还不行吗？”俊如并没有想过伤害谁，他对打烂玻璃的事深表歉意，愿意主动赔钱。

“你非法持有枪支，已经触犯刑法。”肖警官对俊如的仿真枪进行仔细的检测之后，意识到事情非同小可。

“这些枪并不是真枪，说白了就是一个玩具。”俊如认为所谓仿真，本质上其实是假枪，欲再争辩。肖警官不容他多说，强行把他带走了。

几天后，当地检察院以俊如非法持有枪支罪，向区人民法院提起公诉。

庭审中，法官对俊如所持仿真枪的来源进行了仔细盘问。

“我是一个军迷，尤其对枪械痴迷。今年暑假，我加入了一个名为‘军迷之家’的QQ群。几次交谈后，知道群主有仿真枪可卖，于是便用打暑假工的方式赚钱，向群主购买了这三支仿真枪……”俊如自始至终都认为自己只不过买了几支玩具枪，不会犯法。

“《刑法》第一百二十五条第一款规定，非法制造、买卖、运输、邮寄、储存枪支、弹药、爆炸物的，处三年以上十年以下有期徒刑；情节严重的，处十年以上有期徒刑、无期徒刑或者死刑……鉴于俊如属于未成年人，本庭判处其有期徒刑八个月。”在弄清俊如仿真枪的来源之后，法庭对他作出了有期徒刑八个月的宣判。

“明明是假枪，怎么也犯法？”俊如一听，觉得自己好冤枉。

“《枪支管理法》第四十六条规定，本法所称枪支，是指以火药或者压缩气体等为动力，利用管状器具发射金属弹丸或者其他物质，足以致人伤亡或者丧失知觉的各种枪支……你手里的仿真枪虽然以气体、电能为激发力，与真枪有所不同，但其发射的‘金属弹丸’，致伤力的大小已经符合法律上对枪支的判断标准……对于枪支管理，最高人民法院司法解释规定‘非法买卖、储存以压缩气体等为动力的其他非军用枪支二支以上的，以非法买卖、储存枪支罪定罪处罚’。你持有三支该类枪支，故已触犯刑法。”法官非常严肃地说，并一本正经地向俊如出示了相关部门对其所持有仿真枪的鉴定证明。

“玩枪易‘走火’，我奉劝‘发烧友们’切勿因一时贪玩而以身试法。”听完宣判，俊如后悔不迭，在法庭上失声痛哭起来……

（文中人物均为化名）

法律知识链接

《刑法》第一百二十五条第一款规定，非法制造、买卖、运输、邮寄、储存枪支、弹药、爆炸物的，处三年以上十年以下有期徒刑；情节严重的，处十年以上有期徒刑、无期徒刑或者死刑。

《枪支管理法》第四十六条规定，本法所称枪支，是指以火药或者压缩气体等为动力，利用管状器具发射金属弹丸或者其他物质，足以致人伤亡或者丧失知觉的各种枪支。

《最高人民法院关于审理非法制造、买卖、运输枪支、弹药、爆炸物等刑事案件具体应用法律若干问题的解释》第一条规定，个人或者单位非法制造、买卖、运输、邮寄、储存枪支、弹药、爆炸物，具有下列情形之一的，依照《刑法》第一百二十五条第一款的规定，以非法制造、买卖、运输、邮寄、储存枪支、弹药、爆炸物罪定罪处罚：

（一）非法制造、买卖、运输、邮寄、储存军用枪支一支以上的；

（二）非法制造、买卖、运输、邮寄、储存以火药为动力发射枪弹的非军用枪支一支以上或者以压缩气体等为动力的其他非军用枪支二支以上的；

……

本故事中，俊如手里的仿真枪虽然以气体、电能为激发力，与真枪有所不同，但其发射的“金属弹丸”，致伤力的大小已经符合法律上对枪支的判断标准，故被相关部门认定为真枪，加之其储存两支以上非军用枪支，已触犯刑法，故必须承担法律责任。

4. 不能做的“兼职”

你在酒店太屈才了，我能给你介绍个更轻松的兼职。
真的吗？谢谢李老师！
什么？高考替考？不会被发现吗？
没事，监考那边都“打点”好了。风险为零。订金一万元。考上尾款更多！
不行，这份兼职我不能做！还是报警吧！
因伪造身份证、伪造变造国家机关公文证件，以及聚众扰乱社会秩序罪，判处有期徒刑3年。
拒绝金钱诱惑，遏制替考恶行！

秀是某高校的大一学生，因家庭贫困，她平时会做一些兼职，赚取零花钱和生活补贴。半年来，秀做过家教、饭店服务员等许多工种的兼职。虽然很辛苦，但每次接到任务之后，她都会义无反顾地积极完成。前不久，秀接到了一份令她犹豫不决的兼职任务。

3个月前的一天，秀为饭店的顾客们送菜，不慎与一位客人相撞，菜汤洒了客人一身。客人正要发作，秀灵机一动说自己是刚到这里做兼职的大学生，手脚不麻利，请客人谅解。

客人一听，脸色阴转晴，自我介绍是某中学的李老师。他说秀在酒店很屈才，把电话号码留给秀，还承诺能为她找到一份更轻松的兼职工作。

出于对“老师”这个称谓的敬仰，秀一下班就拨通了对方的电话。

李老师让秀第二天去参加兼职工作的初试。当秀再问将要从事的具体工种时，对方话锋一转，说目前岗位紧缺，此事最好别声张。

出于礼貌，秀没多问，第二天如约前往李老师指定的地点。李老师把秀带进某小区一间居室。秀发现那里还有两位老师以及几位和自己年龄相仿的大学生。

初试的试题大多是秀高中学过的内容，她没怎么费劲就做好了。结果很快出来，秀的成绩很优异。李老师发给秀一些复习资料，让她过几天参加复试。

秀心里有太多的疑问，但李老师让她一切等复试结果出来再说。几天后，秀在李老师的带领下，去不同的地方参加了两次复试。秀发现参考的人员有所减少。

测试结果出来后，李老师把所剩无几的参考人员叫到一起，轻描淡写地告诉大家被录取了。然而，秀对即将展开的兼职工作并不了解。

“我们将代替别人参加高考。”一位同学压低声音对秀说。

“替考？”秀没想到堂堂正正的“老师”，会让他们做这样的“兼职”，顿时大惊失色。

“别大惊小怪。之前有几位同学成绩不过关，想去还不行呢！”李老师发给每人一万元现金。

虽然秀觉得这份“兼职”做起来让人心不安，但看在一万元钱的分上，她犹豫了。

“等高考结束，出成绩以后，一本五万元，二本三万元。”李老师看出秀的心思，于是说出这份“兼职”背后更大的“利润空间”。

“高考把关很严，我怕连考场都进不了。”秀见有如此大的“利润空间”，有些动心，但一想到进考场会查验指纹、核对身份证，心里就打颤。

“到时，我会把考生的指纹做成膜嵌入你们的手指，假的身份证件也会一步到位。即使有人发现相片与真人不符也没关系——因为我们把监考老师也‘打点’好啦。”李老师是具有多年经验的“资深”替考组织者，他露出一副胜券在握的表情。

秀一想到高考成绩下来后，还会赚取更多的钱，彻底动心了。

有了一万元的“启动资金”，秀生活无忧，她辞去酒店的兼职，成天闷在家里复习功课。此后，李老师又组织了几次测试，秀顺利过关。

3个月一晃而过。高考的前两天，李老师让秀去另外一座城市做好考前准备。顿时，秀变得忐忑不安起来。

“目前，我国还没有出台专门的《考试法》。即便被发现，危险系数也为零。况且，一切有我们，你根本就不用担心什么。”李老师安慰秀。

“为什么替考现象如此普遍，这对其他考生公平吗？”面对李老师的明目张胆和肆无忌惮，秀突然意识到替考是一个多么严重的社会问题。

“难道为了钱要让这种现象变得‘普遍’吗？”那一夜，秀失眠了，她一遍又一遍地问自己。

“这份兼职我一定不能做！”秀权衡再三之后，拨通了报警电话。

秀悬崖勒马举报有功，交出“订金”后没受任何处罚。李老师等人作为幕后“猎头”，因伪造身份证、伪造变造国家机关公文证件，以及聚众扰乱社会秩序罪，依据《刑法》第二百八十条第三款“伪造、变造、买卖居民身份证、护照、社会保障卡、驾驶证等依法可以用于证明身份的证件的，处三年以下有期徒刑、拘役、管制或者剥夺政治权利，并处罚金；情节严重的，处三年以上七年以下有期徒刑，并处罚金”之规定，被判处三年有期徒刑。

“拒绝金钱诱惑，遏制替考恶行！”走出法院大门，秀感觉心情一下子轻松了许多。

（文中人物均为化名）

法律知识链接

2015 年 11 月 1 日之前，《刑法》对高考替考无相关规定。对作为“枪手”的在校大学生只做开除学籍和行政拘留处罚，对找人替考者只做考试成绩无效和暂停参加各种国家教育考试一年到三年的处罚。

2015 年 11 月 1 日起，《刑法修正案（九）》将“组织考试作弊”行为入刑。新《刑法》第二百八十四条之一规定，在法律规定的国家考试中，组织作弊的，处三年以下有期徒刑或者拘役，并处或者单处罚金；情节严重的，处三年以上七年以下有期徒刑，并处罚金。为他人实施前款犯罪提供作弊器材或者其他帮助的，依照前款的规定处罚。为实施考试作弊行为，向他人非法出售或者提供第一款规定的考试的试题、答案的，依照第一款的规定处罚。代替他人或者让他人代替自己参加第一款规定的考试的，处拘役或者管制，并处或者单处罚金。

本故事发生在《刑法修正案（九）》之前，秀悬崖勒马，且举报有功，不予处罚，但涉案人员罪责难逃。若此故事发生在 2015 年 11 月 1 日之后，涉案人员可能面临《刑法》的处罚。

5. "伸张正义"须谨慎

黑心老板！我必须为这些农民工伸张正义！
快过年了，老板还没给我们开工钱。
去政府门前静坐，不解决问题我们就不走！
XXX还我血汗钱
以威胁方法阻碍国家机关工作人员依法执行职务的，处三年以下有期徒刑、拘役、管制或者罚金。
我是维持正义，没有违法。为什么抓我们？
讨薪回家过年属于情理之中，并非为了实施重大违法犯罪活动，对你作出不予批准逮捕的决定。
懂法，很重要！
看来，伸张正义也须谨慎行事。

张正义 18 岁，人如其名，喜欢伸张正义，是个不折不扣的热心肠。关于他那些“维护世界和平”的“光辉事迹”，几天几夜也说不完，其间有些事他自己也记不清了。然而有件事却令他没齿难忘。

在一个大雪纷飞的傍晚，正义同学急急忙忙往家赶。刚到巷子口，他就看到几个穿得破破烂烂的人蜷缩在一起，其中一个还露着脚踝，犹如武侠小说中所描绘的“丐帮弟子”一般。

“这么冷的天，怎么不回家？”正义顿生怜悯，取下围巾替那人围上。

“快过年了，老板还没给我们开工钱。”原来这些人是农民工，为了讨薪才聚在巷子口的。

正义一听，非常痛恨拖欠工资的老板。他心想，天快黑了，老板兴许就快回家了，于是让大家慢慢等。

第二天一大早，正义出门去。远远地，他就发现昨晚那些农民工依旧蜷缩在巷子口。一问才知道，大家在此蹲候了整整一夜。

寒冬腊月，快过年了，工资没着落，正义能看出这些人的心里有多么着急。而关于讨薪，正义同学帮不上忙，心里不好受，于是默默地离开了。整整一天，他脑海中时不时浮现出讨薪民工的可怜身影，上网一搜索，结果发现类似的状况还有很多。

“我必须为他们伸张正义！”正义同学义愤填膺。可一时之间，他却不知道从何处着手。

经过一番冥思苦想，正义想到与其“守株待兔”，不如主动出击，先帮农民工找到他们的老板再说。可经过一番打探，正义同学并没有找到老板的下落。

“老板一定躲起来了。要是能找到，我们还用在这里等吗？”农民工们无奈地叹道。

“一定得把老板逼出来。”正义同学想。可是，究竟要怎样做，才能把老板逼出来呢？

回家后，正义看到一则市政府为民办实事的新闻。他灵机一动，突发奇想地一溜烟跑出门。

“明天，叫上所有被拖欠工资的农民工，我们一起行动……”正义兴奋地对大家说，那架势俨然在做一项严密的“战前部署”。

第二天，四十来名农民工和正义同学一路快跑，来到市政府门前席地而坐，希望市政府为他们做主。因为市政府有一个紧急会议需要召开，警卫叫大家暂时离开，说工资的事容后再做处理。

“不解决问题，我们就不让道。”农民工的情绪变得异常激动，愣是堵在市政府门口。

场面很快失控，一切都不在正义的“掌控”之中。民警火速赶到现场，劝解农民工通过正常渠道反映诉求，不要采取过激行为。但那些堵门的农民工非但不听劝解，还推搡驱散现场人员的民警，并与民警发生撕扯。

无奈之下，民警带走了几个人，那里面就有正义同学。

大家见状，纷纷散去。被拥堵的门得以开放，市政府的秩序很快恢复。

“你们讨薪的心情，我们可以理解，但你们的行为涉嫌违法！”民警同志严厉地对大家说。农民工们一听，情绪变得更加激动。

“我是维持正义，没有违法。”正义在心里想。

“你们采用聚众堵门的威胁方式阻碍国家机关工作人员依法执行职务，涉嫌妨碍公务，还对执法的民警动手，情节严重，可能会依《刑法》第二百七十七条第一款‘以暴力、威胁方法阻碍国家机关工作人员依法执行职务的，处三年以下有期徒刑、拘役、管制或者罚金’的条款进行处理。”民警同志不是危言耸听。

“可不可以饶过我们？”正义和农民工一听，意识到事情的严重性。

“最终起诉与否还得交由检察院决定。”民警同志只是执行公务，不具备起诉权与最终判决权。

在审查批捕过程中，人民检察院考虑到案发时距离春节只有不到十天时间，且案件是农民工向包工头索要应得薪金而引发。农民工本身就是弱势群体，讨薪回家过年属于情理之中，并非为了实施重大违法犯罪活动，于是作出不予批准逮捕的决定。

“看来，伸张正义也须谨慎行事。”正义同学也被吓出一身冷汗。

“懂法，很重要！”民警同志补充道。

（文中人物均为化名）

法律知识链接

妨害公务罪是指以暴力、威胁方法阻碍国家机关工作人员、人大代表依法执行职务，或者在自然灾害和突发事件中，使用暴力、威胁方法阻碍红十字会工作人员依法履行职责，或故意阻碍国家安全机关、公安机关依法执行国家安全工作任务，虽未使用暴力，但造成严重后果的行为。

《刑法》第二百七十七条第一款规定，以暴力、威胁方法阻碍国家机关工作人员依法执行职务的，处三年以下有期徒刑、拘役、管制或者罚金。第二款规定，以暴力、威胁方法阻碍全国人民代表大会和地方各级人民代表大会代表依法执行代表职务的，依照前款的规定处罚。

本故事中，张正义为帮助农民工讨薪，以聚众威胁的方法阻碍国家机关工作人员依法执行职务，其目的虽是“伸张正义”，但实属妨碍公务。

6. “顺手牵羊”也算偷

这是给你的特别奖励！
可这是人家的快递。
傻瓜，顺手牵羊不算偷。大家都这么干！
今后我们去公司取货时，你要机灵点儿。“顺便”多搬一些快递上车。
我们俩合起来，会拿得更多。
金店老板发现你们出售的金首饰有问题报了警。跟我们走一趟吧。
啊！我只是顺便拿拿！
被告的行为已经构成盗窃罪，且多次作案。分别判处阿峰和王城三年零六个月、一年零六个月有期徒刑。
顺手牵羊也算偷啊……

山里人性情豪爽、不拘小节，邻里之间互相扒拉点蔬菜、水果是常有的事，大家还美其名曰“顺手牵羊不算偷”。王城是山里人，和大家一样，也是一副大大咧咧的样子。在童年记忆里，王城不知道山外还有一个大世界。18 岁那年，他走出了大山。

那年秋天，城里一家劳务公司到山里招工。王城怀着美好的憧憬，跟着劳务公司的人进了城。因为长得壮实，他很快就有了一份快递搬运工的临时工作。

和王城搭档的是一个名叫阿峰的中年人。每天，阿峰开着一辆火三轮和王城去快递公司取货，然后按照快递单上的地址挨家送货。因为王城不会开车，所以力气活儿全落在他身上。每次，阿峰只负责清点快递的数目，而后让王城一件件往车上搬。如果需要给客户送货上楼，他就跷起二郎腿坐在驾驶室，把王城累个死去活来。

虽然王城觉得阿峰有些过分，但一想到自己是新来的，今后可能还有很多地方需要阿峰提点，便一直忍气吞声。

一天完工后，阿峰从驾驶室递给王城一件快递。王城以为阿峰让他送货，赶紧下车。不料阿峰一把按住王城，说这是给他的特别奖励。

“可这是人家的快递……”王城有些担心地说。

“放心，不会有事的。”阿峰煞有介事地拆开快递。王城发现里面是一盒巧克力。

“今后我们去公司取货时，你要机灵点儿。”阿峰让王城见机行事，“顺便”多搬一些快递上车。

王城一听，心里不免一阵发虚。

“大家都在拿，不拿白不拿……”其实这些天，阿峰取货时一直悄悄多点了一些快递，而这一切，王城还被蒙在鼓里呢。每次，他趁着王城上楼给客户送货时，把多余的快递藏进驾驶室，而后悄悄带回家。

虽然王城觉得这种行为多多少少有些不妥，但一想到大家都这样做，也没再说什么。忽然间，他脑子里闪现出童年和小伙伴扒拉邻居家蔬菜的情景……

“我们俩合起来，会拿得更多。”王城尝了一块巧克力，奶油味的。他觉得真香，于是冒出一句。

此后，王城和阿峰每次到公司取货的时候，都会趁机多搬一些快递装车。得手之后，两人平分利益。虽然他每天都心惊胆战，但手头却越来越宽裕。

“会不会出事？”一天，王城从拆开的快递中，发现了一条金项链和一只金手镯。王城知道那是城里有钱人才佩戴的物件，很名贵，所以担心会出事。

“傻小子，顺手牵羊不算偷。”阿峰没当一回事，选了重一些的手镯，把项链给了王城。

听阿峰这么一说，王城心里也放松了许多，他心安理得地拿了项链。为了把项链换成现金，王城到附近一家金铺，以3000元的价格出售了项链。

几天后，王城和阿峰像往常一样到公司取货。两名警察拦住了他们……原来，金铺老板发现王城售卖的项链有问题，报了警。警察追根溯源，找到了他俩。

“我只是顺便拿拿！”此刻，王城并不知道事情的严重性。

“你可以请律师，不过罪行也轻不到哪儿去。”对这个无知的少年，警察一时之间不知道说什么才好。

山里人筹钱给王城请了律师。

庭审中，王城如实交代了自己这些日子在快递公司的所作所为。

“我的当事人在工作的过程中，利用职务之便拆开快递，一时之间见财起意拿了里面的项链……并非蓄意获取，这种行为属于不当得利。”律师虽无底气，但竭力想为王城辩护。

“根据《刑法》第二百六十四条对盗窃罪的相关规定，盗窃公私财物，数额较大的，或者多次盗窃、入户盗窃、携带凶器盗窃、扒窃的，处三年以下有期徒刑、拘役或者管制，并处或者单处罚金；数额巨大或者有其他严重情节的，处三年以上十年以下有期徒刑，并处罚金……被告的行为已经构成盗窃罪，且多次作案……”法庭并没有采信律师的意见，当庭对王城、阿峰分别作出了有期徒刑一年零六个月、三年零六个月的判决。

“盗窃罪和不当得利的本质区别在于，前者是行为人采取主动作为方式，秘密窃取他人财物，后者是被动得利。本案中，被告偷拿快递的行为属于‘积极主动非法占有’，故盗窃罪名成立。”法官一锤定音。

“顺手牵羊也算偷！”王城把头深深地埋了下去……

（文中人物均为化名）

法律知识链接

《刑法》第二百六十四条规定，盗窃公私财物，数额较大的，或者多次盗窃、入户盗窃、携带凶器盗窃、扒窃的，处三年以下有期徒刑、拘役或者管制，并处或者单处罚金；数额巨大或者有其他严重情节的，处三年以上十年以下有期徒刑，并处罚金；数额特别巨大或者有其他特别严重情节的，处十年以上有期徒刑或者无期徒刑，并处罚金或者没收财产。

《民法典》第九百八十五条规定，得利人没有法律根据取得不当利益的，受损失的人可以请求得利人返还取得的利益。

本故事中，王城和阿峰偷拿快递属于“采取主动作为方式，秘密窃取他人财物”的行为，具备盗窃罪的构成要素，而非被动得利，故定义为盗窃罪。

7. 不能传的“小道消息”

啊，我的钢笔不见了！
肯定是小云偷的！而且
她有个正在蹲监狱的爸爸。
哈哈哈
小云是小偷，
爸爸是大盗
啊……小荣你
太过分了！
你有小云偷钢笔的
证据吗？还有你为
什么说小云的爸爸
是重刑犯？
我看见她去
了监狱。
我爸爸是监狱
清洁工，你不
能诽谤他！你
要公开道歉！
我错了，不该乱传播
假消息损害小云的名誉。
在这里公开向小云道歉。

小荣 15 岁，上初三。因为语言表达能力强，且对同学之间发生的新鲜事比较敏感，不管发生什么事儿，她都能第一时间知道，并迅速“传播”，成了班里的“新闻小灵通”。前不久，她因为一则不能传的小道消息，受到了严厉的教训。

小荣的二姨住在郊区，那里有一座监狱，里面关着各种重刑犯。由于二姨家门前的路是城市到监狱的必经之路，所以每次小荣去二姨家做客，不经意间都会看到来来往往的探监家属。

一个星期天，小荣去二姨家玩，看到一个熟悉的身影往监狱方向而去。小荣仔细一看，发现竟然是班长小云。小云成绩优秀，是老师、同学们心目中的乖乖女，她去监狱干什么？顿时，小荣那根好奇的神经紧绷起来。

为了查明真相，小荣没有打草惊蛇，只悄悄尾随其后。不久，小荣看到小云果真进了监狱大门。监狱守卫森严，未经“特许”进不去，小荣也没往里走。但她对小云的事儿已经猜到几分。由于前几次开家长会，小云的父亲没到，都是她母亲到场，所以小荣猜“蹲监狱”的应该是小云的父亲。

“这对大家而言肯定是一个爆炸性新闻。”小荣计上心来。星期一上学，小荣第一个来到学校，把“小云的父亲是重刑犯”这个“小道消息”悄悄告诉了除小云以外的每一位同学，并叮嘱大家“不要外传”。

为此，大家看小云的目光都多了一分异样。

对于同学们的变化，小云没有辩解，这让小荣心里多多少少有些过意不去。不过，紧接着发生的事让她觉得自己所做的一切都是那样心安理得。

那是一节体育课，小云因为肚子痛留在教室里。小荣回来后，发现自己的一支进口钢笔不见了。由于教室里只有小云，而且她有一个可能正在蹲监狱的爸爸，所以小荣立马把"嫌疑犯"锁定为小云。

"谁偷了我的钢笔，请自动交还。"小荣在班里大声说。她满以为小云会主动交还钢笔，可小云却一声不吭。

为此，小荣怀恨在心，总想找机会整整小云。她找了一个机会，写了一张"小云是小偷，爸爸是大盗"字样的纸条，趁小云不注意的时候，贴到了她背上。如此一来，不管小云走到哪儿，大家都在她背后指指点点，还惹得大家哄堂大笑。

小云被气哭，把这事告诉了班主任。班主任把小荣、小云叫到办公室，询问事情的来龙去脉。

"允许她偷我的钢笔，就不允许人家开个玩笑吗？"小荣觉得那只不过是一个恶作剧，显得有些理直气壮。

"这种玩笑能开吗？小云偷了你的钢笔吗？有证据吗？"班主任一连几个问题，问得小荣哑口无言。

小荣细细一想，自己也没亲眼看见小云偷窃自己的钢笔，单凭猜测也不能证明什么。

"你说我，我不生气，但你不应该诽谤我爸爸。"小云眼泪吧嗒吧嗒地往下滴。她要求小荣公开道歉。

“可是，那天我明明看见你去了监狱。”小荣不解地看着小云，她心里有太多的疑问。

“虽然我爸爸是监狱里的清洁工，但他靠勤劳的双手赚钱，你也不能诽谤说他蹲监狱呀！”小云委屈地说。

“啊……”小荣万万没想到事情竟然是这样，连说自己只是说说，请小云不用当真。

“你侵害我的名誉，必须道歉！要不然，我就去法院告你……”小云不依不饶。

“我国《民法典》第一千零二十四条规定，民事主体享有名誉权。任何组织或者个人不得以侮辱、诽谤等方式侵害他人的名誉权。第九百九十条第一款规定，人格权是民事主体享有的生命权、身体权、健康权、姓名权、名称权、肖像权、名誉权、荣誉权、隐私权等权利。第九百九十五条规定，人格权受到侵害的，受害人有权依照本法和其他法律的规定请求行为人承担民事责任。受害人的停止侵害、排除妨碍、消除危险、消除影响、恢复名誉、赔礼道歉请求权，不适用诉讼时效的规定。”班主任批评小荣，并让其恢复小云的名誉。

在班主任的调解下，小荣最终向小云公开道歉。经过这件事之后，小荣和小云之间更多了一份理解，还成了最好的朋友。

（文中人物均为化名）

法律知识链接

《民法典》第一千零二十四条规定，民事主体享有名誉权。任何组织或者个人不得以侮辱、诽谤等方式侵害他人的名誉权。第九百九十条第一款规定，人格权是民事主体享有的生命权、身体权、健康权、姓名权、名称权、肖像权、名誉权、荣誉权、隐私权等权利。第九百九十五条规定，人格权受到侵害的，受害人有权依照本法和其他法律的规定请求行为人承担民事责任。受害人的停止侵害、排除妨碍、消除危险、消除影响、恢复名誉、赔礼道歉请求权，不适用诉讼时效的规定。

本故事中，小荣在并未证实小云父亲是重刑犯的情况下，用口头、写字条等方式在班里传播小云的父亲是重刑犯的谣言，损害了小云的名誉，造成一定影响，应当认定为侵害自然人名誉权的行为，故应停止侵权行为，并赔礼道歉。

8. 可疑的表兄

是表兄来了！
啊……
表兄的性格和小时候差好多，变得有些阴沉了。整天把自己关在房间里。
可能父母离异对他有影响吧？
你表兄因盗窃国家文物是在逃通缉犯。你母亲涉嫌包庇犯罪。
啊！你们为什么抓我妈妈和表兄？
怎么会？！
小侯出示的证据表明你妈妈并不知道他是通缉犯。因此免予责罚。
真是不知者不罪。不过以后要提高警惕了！

为了方便小林上高中，父母在城里买了学区房。搬家后，乡下的亲戚朋友时常来家里串门。对此，小林习以为常，并和他们打得火热。然而，表兄小侯的到来却让小林感到有些不安。他总觉得小侯不对劲儿，但又说不清究竟哪里不对劲儿……

其实，从小侯来的那天，小林就觉察出了异样。

一个阴沉沉的下午，小林在家温习功课。突然，门铃响了。小林从猫眼看到一个似曾相识的面孔，想了半天才记起来是自己多年不见的表兄小侯。小侯是二舅的孩子，快二十岁了。十年前，因为二舅和二舅妈离异，小侯跟二舅妈去了广州。此后，小林便没了他的消息。

对于表兄的到来，小林显得挺高兴。小林对小侯热情又照顾周到，可小侯却对小林不冷不热。开始的时候，小林以为是多年不见，表兄表弟之间变得生疏了。可接下来，他发现事情并非想象得那么简单。

小林知道表兄以前爱打篮球，为了和表兄之间建立良好的感情，他特地约了几个好朋友陪表兄打篮球。等大家都到齐了，表兄却推说有事不能来了。事后，小林知道其实表兄一直待在家，根本没什么事。

小林以为表兄不爱打篮球，于是又换了几种玩的方式，结果表兄仍然不接受。他总是推三阻四不愿意和大家玩。小林想到可能表兄认为自己的好朋友年龄与他不相当而导致关系生疏。

正当小林为之苦恼时，乡下来了几位堂哥，他们的年龄和表兄差不多。可令小林意外的是，表兄一听有客人来，立马不见了人影。

种种迹象表明，表兄其实是不想与外人接触。表兄为什么会这样？直觉告诉小林，表兄的身后一定隐藏着一个天大的秘密。

为了弄清事情的原委，小林悄悄询问父母，结果父母也不知其所以然。他们觉得像表兄这样久不走动的亲戚，还能主动来家里，实属不易。出于对侄子的关爱，小林的父母对小侯没有过多的询问，只一日三餐好好款待着。

小林记得之前的表兄兴趣广泛，上山下河，田间地头处处有欢笑，不明白他为什么一下子性情突变？难道二舅和二舅妈离异给他造成了心理阴影？小林这样一想，不免对表兄同情起来。

不过，接下来的事改变了小林的看法，让他更坚信自己的直觉。那天早上，小林去上学，走到半路发现忘记带上课后习作，于是返回家中。结果，他听到表兄在给一个叫二毛的人打电话。他见小林回家，立即挂断了电话。

二毛是谁？他与表兄有什么关系？为什么表兄要躲着家里人打电话？突然间，小林发现表兄每次打电话都显得有些神秘。整整一天，“二毛”“表兄”的字眼在小林的脑海中挥之不去。

好不容易熬到放学，小林飞也似的跑回家。恰好，表兄的电脑开着，人去了卫生间。小林趁机蹑手蹑脚地溜进他的房间。这时，他发现电脑桌面上“二毛”的头像不停地闪动。小林正要点开二毛的头像，可表兄不知什么时候已站在身后，他的脸色很难看。

“我来找一支笔。”小林有些尴尬地退出了房间。表兄越是不想让小林知道他的秘密，小林就越对他好奇。

自始至终，小林都没有发现表兄的秘密，但真相却自己呈现了出来。因为第二天放学后，小林刚到家门口，就遇上一队警察。警察们铐走了表兄和小林的母亲。

“为什么？”小林急了。

“警方正在通缉他。”警察说。原来，表兄因为和二毛盗窃文物，成了通缉犯。警方通过二毛与小侯的通话，利用信号追踪技术，找到了小侯的藏身之处。

“凭什么抓我母亲？”小林心想自己母亲又没偷盗文物。

“你母亲涉嫌包庇犯罪。我国《刑法》第三百一十条规定，明知是犯罪的人而为其提供隐藏处所、财物，帮助其逃匿或者作假证明包庇的，处三年以下有期徒刑、拘役或者管制；情节严重的，处三年以上十年以下有期徒刑……”警察说。

“我母亲是无辜的。”小林哭喊着。为了解救母亲，小林和父亲为她请了最好的律师。

由于犯罪嫌疑人小侯当庭提供了小林的母亲不知自己是罪犯的证据，所以小林母亲被免予追责。

“真是不知者不罪！不过，发现异常就得报警。”小林有很多感慨。最重要的一点是，他对可疑事件更多了一丝警惕。

（文中人物均为化名）

法律知识链接

《刑法》第三百一十条规定，明知是犯罪的人而为其提供隐藏处所、财物，帮助其逃匿或者作假证明包庇的，处三年以下有期徒刑、拘役或者管制；情节严重的，处三年以上十年以下有期徒刑。犯前款罪，事前通谋的，以共同犯罪论处。

“明知是犯罪的人”是包庇罪构成的主观要件，指行为人已知道被包庇的人犯有罪行。在实际执行中，这种“明知”往往是犯罪嫌疑人告知行为人自己犯有罪行，如“犯了事儿”“警察正在抓我”等，否则就不会有随之而来的窝藏、包庇行为。

本故事中，小林一家对“表兄”的犯罪不知情，故包庇罪罪名不成立。

9. 交通肇事引发的杀人罪

陈元是独子，虽然家境不富裕，但仍然享受着“要风得风、要雨得雨”的待遇。前不久，他见班里的“富二代”开着小车兜风，很羡慕，直嚷着要父母也给他买一辆。父母拗不过陈元，在他 18 岁成人礼那天，贷款买了一辆小车给他。不想，他取得驾照之后没多久就出了乱子……

如愿以偿的陈元变得得意忘形，时不时地在同学们面前显摆自己的“私家车”，那派头俨如货真价实的“富二代”。

“恐怕你只能在大路上爬爬，不敢去小道吧！”许多同学都看不惯陈元那股嚣张劲儿，纷纷嘲笑他。

陈元知道大家口里的“小道”暗指郊区那一段土马路，因蜿蜒曲折，特别考验驾驶员的技术。为了不输“这口气”，陈元选了个星期天，驾车独奔“小道”而去。

行驶了一段路程后，陈元觉得小道也没啥了不起，便把车速调到最大挡。当他开得得意忘形之时，前方路段出现一大一小两个路人。因为小道很窄，要想避让很困难。慌乱中，陈元一脚踩了下去。本来，他是想踩刹车，可却踩到了油门……

只听得“砰”一声闷响，大人被撞飞。陈元意识到自己操作错误，赶紧松开脚，重新踩下刹车。等他停车时，发现被撞的人已倒地，殷红的鲜血染红了一大片泥地……

一时之间，陈元手足无措。

“快救救我妈！”伤者身旁，小孩苦苦哀求。原来路人是一对母子。

陈元一个机灵，猛醒过来。但他立马想起之前邻居大叔撞伤人后，伤者患上后遗症，大叔赔付了医疗费不说，还一辈子不得安宁。陈元深知自己并非富二代，父亲买车的贷款还没还清，根本没钱赔付医疗费……最主要的是，他担心会在同学们面前颜面尽失。

“救还是不救？”陈元捂住头，苦苦纠结……

半晌，一个主意在陈元脑海中产生。只见他把伤者抱上车，然后载着他们离开事发地点。不过，他只慢悠悠地行驶在道路上，一点儿也看不出救人的那般十万火急。

“大哥哥，开快点！”小孩见母亲已经昏迷，着急地催促着。

“好，开快点。”陈元慢吞吞地回答。不过，他却掉转车头，朝与医院相反的方向疾驰而去。小孩不识路，安静下来。

不一会儿，陈元把车停在一处僻静的山脚下，不管不顾地把伤者和小孩推下了车……之后，他驾车飞驰而去。

回家后，陈元蒙头便睡。几个小时之后，一队警员不期而至。原来，小孩提供了陈元的车牌号，警察第一时间来到他家。

“伤者花了多少医疗费？”陈元以为赔钱就行，于是问道。

“伤者因为失血过多，已去世。”警员回答。陈元一听，想到不会被伤者的后遗症纠缠，反而放下心来。

“你涉嫌故意杀人，得跟我们走一趟。”警员带走了陈元。

几天后，当地检察机关以“涉嫌故意杀人罪”对陈元提起公诉。本来是一起交通肇事案，何以演变成杀人案？为了最大限度地庇护儿子，父母花高价为陈元请了最好的律师。

“这起案件胜算的可能性很小。”律师了解事件的来龙去脉之后，面露难色地说。

“单纯的交通肇事属于交通肇事罪。法庭会根据《刑法》第一百三十三条规定‘违反交通运输管理法规，因而发生重大事故，致人重伤、死亡或者使公私财产遭受重大损失的，处三年以下有期徒刑或者拘役；交通运输肇事后逃逸或者有其他特别恶劣情节的，处三年以上七年以下有期徒刑；因逃逸致人死亡的，处七年以上有期徒刑’。”律师摊摊手，“但你肇事后，不仅没有对伤者进行施救……”

陈元不认为自己有义务救人，露出不以为然的表情。

律师博学多才，可对陈元的案子仍显得有些“无力回天”，“而你不但不救，反而把伤者带离事故现场，将伤者推下车，延误救治，对伤者的死亡具有间接的故意。《最高人民法院关于审理交通肇事刑事案件具体应用法律若干问题的解释》第六条规定：‘行为人在交通肇事后为逃避法律追究，将被害人带离事故现场后隐藏或者遗弃，致使被害人无法得到救助而死亡或者严重残疾的，应当分别依照刑法第二百三十二条、第二百三十四条第二款的规定，以故意杀人罪或者故意伤害罪定罪处罚。’你这种情况多半会以《刑法》第二百三十二条规定的‘故意杀人的，处死刑、无期徒刑或者十年以上有期徒刑；情节较轻的，处三年以上十年以下有期徒刑’来量刑。”

“都是虚荣心作祟呀！”听完律师的话，陈元眼前一黑，晕了过去……

（文中人物均为化名）

法律知识链接

为依法惩处交通肇事犯罪活动，最高人民法院颁布了《关于审理交通肇事刑事案件具体应用法律若干问题的解释》。其第六条规定，行为人在交通肇事后为逃避法律追究，将被害人带离事故现场后隐藏或者遗弃，致使被害人无法得到救助而死亡或者严重残疾的，应当分别依照《刑法》第二百三十二条、第二百三十四条第二款的规定，以故意杀人罪或者故意伤害罪定罪处罚。

本故事中，陈元肇事后见死不救，在主观心理上对被害人死亡结果的发生持“希望”或者“放任”的态度，造成了被害人因无法得到救助而死亡的危害结果，其行为属“间接故意致人死亡”，故应定性为故意杀人罪。

10. 惊魂六十秒

砰！
不好啦！卡车撞人啦！
我不是故意的……
你侄子肖一波没有驾照，在明知自己不行的情况下，以危险方法，擅自偷开别人的大卡车，违反了交通运输管理法规，且发生重大事故……所以，他的问题已经不是钱能解决的了。
啊……
本庭宣布判处被告肖一波有期徒刑三年。

60 秒弹指一挥间一晃而过，在很多人的人生轨迹中不会留下任何痕迹，但有时这短短的 60 秒却会改变一个人的命运，甚至造成几个家庭的悲剧。

两年前的一天，S 镇恰逢赶集，街道上人头攒动，喧闹之声此起彼伏。闹市区的道路旁，一辆大卡车悄然启动。在大家还没回过神的当儿，惊魂一幕出现了：大卡车疯狂向闹市区冲了过去。只听得“砰”的一声闷响，一位老大爷被撞飞，人们迅速往街道两旁撤离，但大卡车像一头发怒的猛狮，奋力扑向人群……有人在尖叫，有人在呻吟，有人在疾呼救命，有人在大喊“快停车！”可是，大卡车没有停下来，而是失控地撞向路边的一个水果摊。

随着“轰隆隆”几声巨响，水果摊被撞垮塌，墙壁倒塌，人们有的被压在墙根下，有的被砸伤。大卡车一个急转弯，又向附近的电线杆撞去……整件事情从发生到结束不过 60 秒，但这期间，油条摊、水果摊等 5 处摊位被撞翻，先后导致 5 人被撞伤，其中包括多名老人，1 名女性摊贩被热油严重烫伤，现场一片狼藉。

S 镇的警察第一时间赶到现场，从大卡车的司机台中抓获了肇事者。肇事者名叫肖一波，18 岁，刚拿到某机电大学的录取通知书。一个前途光明的准大学生，缘何会干出如此惨绝人寰的事？在场的人心中燃起熊熊怒火。

“我不是故意的……”审讯中，肖一波一直喃喃自语。

肖一波在S镇土生土长，对自己的家乡充满热爱之情，加之他从小学到高中都是属于那种听话的乖乖男，他没有理由用故意开车撞人的方式对家乡人造成伤害。可是，他的的确确做出了这样的举动，原因何在？对此，人们无法理解。

警察递给肖一波一杯水，让他缓和一下心情。而后，肖一波哭诉了事情的来龙去脉。

原来，肖一波虽然听话，但也有自己的爱好。和大多数男孩子一样，他喜欢机械的东西，节假日时间充裕，他会去一些俱乐部开卡丁车，如果没有时间则在网上玩一玩赛车。当驾驶员，亲自“玩玩”真车，成了他一直以来的心愿。可由于家里穷，父母一直没有买私家车，所以驾驶对于他而言，一直是“纸上谈兵”。

出事当天，肖一波去赶集，当他看到停在路旁的大卡车车门开着，车钥匙没有拔下来时，一时兴起，产生了亲自驾驶的冲动。他悄悄溜上车，启动引擎，结果惨剧就这样发生了……

肖一波的二叔很疼爱他，且家境富裕。他听说肖一波出事后，愿意拿钱赔付事故中的受害者，希望能化解此次事故。

“你侄子肖一波没有驾照，在明知自己不行的情况下，以危险方法，擅自偷开别人的大卡车，违反了交通运输管理法规，且发生重大事故……所以，他的问题已经不是钱能解决的了。”

警察的表情极其严肃。

不久之后，肖一波被当地检察院以危害公共安全罪，向当地人民法院提起公诉。

为了最大限度地帮助肖一波，二叔替他请了当地最好的律师。

庭审那天，肖一波的家长、受害者家属、当地群众挤满了旁听席。

“《道路交通安全法》第十九条规定，驾驶机动车，应当依法取得机动车驾驶证。申请机动车驾驶证，应当符合国务院公安部门规定的驾驶许可条件；经考试合格后，由公安机关交通管理部门发给相应类别的机动车驾驶证……当事人肖一波不具备驾驶资质，且在明知自己无证的情况下，驾驶大卡车的行为严重违反了我国《道路交通安全法》相关规定。”法官听完控辩双方的陈词，首先认定肖一波违反了道路交通安全法。

“看来，我侄子的罪行也不重。”听到这里，肖一波的二叔小声询问律师。

“恐怕不仅如此……”此刻，律师心里也没了底儿。

“当事人肖一波的行为，造成多名人员被撞伤，且造成严重的损失……依据《刑法》第一百三十三条‘违反交通运输管理法规，因而发生重大事故，致人重伤、死亡或者使公私财产遭受重大损失的，处三年以下有期徒刑或者拘役；交通运输肇事后逃逸或者有其他特别恶劣情节的，处三年以上七年以下有期徒刑；因逃逸致人死亡的，处七年以上有期徒刑’等法律条款之规定，本庭宣布判处当事人肖一波有期徒刑三年。”法官听完控辩双方的陈词，做出了宣判。

听完宣判，肖一波浑身瘫软，悔恨交加。然而，他给别人造成的伤害，却无法弥补……

（文中人物均为化名）

法律知识链接

《刑法》第一百三十三条规定，违反交通运输管理法规，因而发生重大事故，致人重伤、死亡或者使公私财产遭受重大损失的，处三年以下有期徒刑或者拘役；交通运输肇事后逃逸或者有其他特别恶劣情节的，处三年以上七年以下有期徒刑；因逃逸致人死亡的，处七年以上有期徒刑。

《道路交通安全法》第十九条第一款规定，驾驶机动车，应当依法取得机动车驾驶证。第二款规定申请机动车驾驶证，应当符合国务院公安部门规定的驾驶许可条件；经考试合格后，由公安机关交通管理部门发给相应类别的机动车驾驶证。

本故事中，肖一波趁驾驶员疏忽，一时兴起驾驶大卡车属于无证驾驶，此行为违反《道路交通安全法》第十九条的规定，且造成严重后果，故应按照交通肇事罪相关规定处罚。

11. 绝症女孩的“歪点子”

这些票能换成钱？
这是对咱们家的特殊照顾。
你来报销的发票有问题。卫生局正在查这件事。
青青，这是怎么回事？
那些发票全都是我买来虚开的……不过，我也是为了治病，不得已才这样做的。
赃款你必须退还。但你的行为已经构成诈骗，必将依法处理。
触法？

青青刚出生几天，就被遗弃，一对农村夫妇收养了她。农村夫妇虽然穷，也没什么文化，但他们却心地善良，视青青为掌上明珠。生活中，他们宁可自己不吃不穿，也要让青青吃饱穿暖。高三那年，18岁的青青突感头痛乏力，也就是从那时开始，青青家的灾难一发不可收拾……

由于当时是流行感冒的高发季节，所以青青以为自己患上流感，到乡村赤脚医生那里随便拿了些感冒药服用，结果病情不见好转。

紧接着，父母以为青青因为高三学习压力加重，导致头痛欲裂，便带她到镇上的医院就诊。医生看了看青青面无血色的模样，建议她去县城做进一步检查。县医院的设备很先进，很快就查出青青其实是患上了尿毒症。

尿毒症是慢性肾功能衰竭进入终末阶段时，出现的一系列临床表现所组成的综合征，被称为“第二癌症”，只能通过换肾或者“透析”来维持生命。这个消息对于一穷二白的青青家而言，犹如晴天霹雳。

“我们家一点积蓄也没有，怎样才能救女儿的命？”突如其来的噩耗让母亲一病不起。所幸的是，青青所在的村落一年前给村民们买了新农合医保。即便如此，青青家也是债台高筑。

为了给青青治病，父亲四处筹钱。开始的时候，亲戚、朋友们多多少少还能借一点儿，到后来大家也爱莫能助。为此，青青想到放弃治疗。但父母说只要他们还有一口气在，就不会放弃对青青的治疗。

“我得想办法弄些钱才好。”每做一次透析，青青都要扪心自问千百次，而后冥思苦想解决问题的办法。

一次偶然的机会，青青了解到在当地新农合报销医疗费，不需要病人亲自到场，于是灵机一动，动起了歪点子。

为了把这个“歪点子”付诸实践，青青背着父亲来到一家网吧，通过QQ，结识了一个网名叫“钱在飞”的票贩子，并向其购买医药报销发票。

买到票后，青青以“帮忙筹钱”为借口从亲戚、邻居处借来身份证、户口本等证件，而后分别借用他们的名字，悄悄填好发票，让父亲去报账。

“这些票能换成钱？”父亲没文化，一听说票能换钱，干劲十足地去新农合办理兑付手续。随着兑换金额的增多，父亲有些疑惑，青青便告诉他这是“特殊照顾”。渐渐地，父亲也不多问了。

前前后后，青青换得40万元“医疗费”。这些钱不但令她的治疗费用无忧，而且在一定程度上还改善了她家的生活质量。

突然有一天，卫生局一位熟人告诉青青的父亲，说他拿来报销的发票有问题，卫生局正在调查这件事。

“青青，这是怎么回事？”父亲一听，立即回家质问青青。

“那些发票全都是我买来虚开的……不过，我也是为了治病，不得已才这样做的。”青青哭着说。

“咱们去投案自首！”父亲虽然没文化，但不义之财不可取的道理他还是懂的。

到公安局自首那天，天气很凉。青青交代了自己的所作所为之后，主动提出退还所骗钱财的要求。

“赃款你必须退还。但你的行为已经构成诈骗罪，必将依法处理。”然而，警察郑重其事地告诉她，事情并没有她想象的那样简单。

“触法？”青青没想到事情会如此严重，顿时傻了眼。

“根据我国《刑法》第二百六十六条之规定，诈骗公私财物，数额较大的，处三年以下有期徒刑、拘役或者管制，并处或者单处罚金；数额巨大或者有其他严重情节的，处三年以上十年以下有期徒刑，并处罚金；数额特别巨大或者有其他特别严重情节的，处十年以上有期徒刑或者无期徒刑，并处罚金或者没收财产……”不久，青青被当地检察机关作为第一被告提起公诉。

庭审中，当地人民法院以诈骗罪判处青青有期徒刑六年，并处罚金 10 万元；父亲被判处有期徒刑二年，缓刑二年，并处罚金 4000 元。对涉案亲友、邻居也分别判处二年有期徒刑和 5000 元罚金不等的刑罚。而那个为青青提供发票的票贩子也随之被检察机关以“倒卖发票罪”提起公诉，等待他的必将是严厉的法律制裁。

“君子爱财，取之有道！”青青看到那么多人受到她的牵连，悔恨交加……

（文中人物均为化名）

法律知识链接

2014 年 4 月，第十二届全国人民代表大会常务委员会第八次会议审议通过关于《刑法》第二百六十六条的司法解释。该司法解释明确规定，以欺诈、伪造证明材料或者其他手段骗取养老、医疗、工伤、失业、生育等社会保险金或者其他社会保障待遇的，属于《刑法》第二百六十六条规定的诈骗公私财物的行为。这就意味着，今后那些骗保行为视同诈骗，骗保将受到法律的制裁。

根据《最高人民法院、最高人民检察院关于办理诈骗刑事案件具体应用法律若干问题的解释》第一条的规定，诈骗公私财物价值 3000 元至 1 万元以上和 3 万元至 10 万元以上、50 万元以上的，应当分别认定为《刑法》第二百六十六条规定的“数额较大”与“数额巨大”“数额特别巨大”。

本故事中，当事人青青骗保 40 万元，应归为“数额巨大”之列，故依法没收赃款，并判处其有期徒刑六年，处罚金 10 万元。

12. 路边的果脯不要抢

掉在地上的东西就是咱们的，不拿白不拿……
这是人家的货物，请大家不要趁火打劫。
我是不是也该拿一些回去？这样学费就有着落了。
这么多人都抢了，难道把我们都抓起来？
虽然这些果脯侧翻到路边，但其所有权仍属于原来的货主。你们的行为涉嫌“聚众哄抢罪”。
若你们知错能改，返还货物，我们既往不咎。
今天差点进监狱，看来我这爱贪小便宜的毛病应该改改了。

夏夜，一辆满载果脯的货车途经某乡镇。驾驶舱内，司机早已困意十足，但因货主催得急，只得强打精神向前开。突然，一条野狗从路旁蹿出。因为避让不及，货车发生了侧翻。只听“轰隆隆”几声巨响，车上的货物没入黑暗之中……

司机被压在驾驶舱内，身体受到重创，不能动弹。他想求救，够不着电话；想呼救，喊不出声。他期望过往车辆能发现自己的窘境，但四周静悄悄的，一辆车也没有……绝望之余，司机昏昏睡去。

天色微明，一位少年踩着脚踏车路过事发地点。少年叫马昆，前几天刚拿到大学录取通知书。因为家境贫困，他必须趁假期为自己赚足一学期的学费，所以一早就出门揽活。

马昆看到满地的果脯和侧翻的车辆，先是一惊，继而想到如果把这些果脯换成钱，自己的学费就不愁了。他刚想趁早弄些果脯回家，就听见驾驶舱内传出阵阵呻吟声。

马昆吓了一跳，循声望去，这才发现驾驶舱内还困着一个人。顿时，他脑海中立马闪过“救人要紧”的字眼。马昆试图撬开驾驶舱，可货车纹丝不动。他于是一个电话打到当地卫生院，请医生出面救助伤者。

既然主动替司机求救，那么救援人员不久就会到来。此刻，对于满地的果脯，马昆显得有些手足无措。

正当马昆犹豫到底要不要拿些果脯时，卫生院的救护车呼啸而来。医生们经过一番努力，把困在驾驶舱内的司机解救出来。因其伤势严重，救护车载着他直奔医院而去。对于路边满地的果脯，医生们没有提出任何解决方案。

马昆看着满地的果脯，再一次陷入犹豫不决之中。

天色渐亮，行人多了起来，大家见到满地的果脯，不约而同地围聚过来。

“上呀！”突然，一位大爷吆喝了一声，围观的人一窝蜂走上前，大家抬的抬、扛的扛，纷纷把地上的果脯一整件一整件往家搬。

“傻小子，愣着干什么？”刚才吆喝的那位大爷见马昆愣在原地，一动也不动，有些奇怪地问。

马昆没有说话，他还在犹豫。

“这掉在地上的东西就是咱们的，不拿白不拿……更何况大家都在拿，难不成把大家都抓起来？”大爷索性把自己的电三轮开来，停在路边，装载了满满一车才离开。

这边有人还在搬运，那边又来了一拨人，大家手忙脚乱地搬着、抢着……随着人数的增多，地上的果脯所剩无几。

“趁还有机会，我也拿一些吧！”马昆弯腰，正准备行动。这时，几辆警车呼啸而至。

“这是人家的货物，请大家不要趁火打劫。”警察队长拿着喊话器对着人群喊话。可是，大家哄抢果脯的手并没有停下来。

“难不成把我们都关起来？”先前吆喝的那位大爷开着电三轮回到现场，他打算再弄些果脯回家。

“虽然这些果脯侧翻到路边，但其所有权仍属于原来的货主。你们的行为涉嫌‘聚众哄抢罪’。若根据《刑法》第二百六十八条‘聚众哄抢公私财物，数额较大或者有其他严重情节的，对首要分子和积极参加的，处三年以下有期徒刑、拘役或者管制，并处罚金；数额巨大或者有其他特别严重情节的，处三年以上十年以下有期徒刑，并处罚金’的规定进行处罚的话，今天凡抢了果脯的人，都会受到不同程度的处罚。但是，若你们知错能改，返还货物，我们既往不咎。”无奈之下，警察队长只得用话筒大声警告。

大家一听，纷纷返还了哄抢而来的果脯，还帮着警察把果脯整理好，送上指定的运货车。

“今天差点进监狱，看来我这爱贪小便宜的毛病应该改改了。”先前吆喝得最厉害的大爷见状，也赶紧把运回家的果脯一股脑儿送了回来。

“哄抢事件背后更是对法律的无知，不仅是不守法，更是不懂法。”马昆为自己差点走上犯罪道路心有余悸，踩着脚踏车飞快地离开现场。他决心去找一份暑假工，踏踏实实赚学费。

（文中人物均为化名）

法律知识链接

《民法典》第二百六十七条规定，私人的合法财产受法律保护，禁止任何组织或者个人侵占、哄抢、破坏。第二百六十五条规定，集体所有的财产受法律保护，禁止任何组织或者个人侵占、哄抢、私分、破坏。第二百五十八条规定，国家所有的财产受法律保护，禁止任何组织或者个人侵占、哄抢、私分、截留、破坏。

《刑法》第二百六十八条规定，聚众哄抢公私财物，数额较大或者有其他严重情节的，对首要分子和积极参加的，处三年以下有期徒刑、拘役或者管制，并处罚金；数额巨大或者有其他特别严重情节的，处三年以上十年以下有期徒刑，并处罚金。

本故事中，货车发生侧翻，导致果脯满地，但其所有权权属不变。行为人见财起意，哄抢果脯的行为触犯法律。若追责，须按《刑法》第二百六十八条之规定处罚。

13. 伺机而动的小敏

别和张芳在一起玩，她是个危险人物！
啊？
可恶！居然还和张芳在一起。叛徒。我要找机会下毒教训她。
一会就偷偷把老鼠药下在她的感冒药里！
善待别人，也是善待自己！
怎么张芳也在？
那一次交通事故，我爸爸有很多过错……谢谢你还能谅解我。
对不起！我犯罪了……
你还是我们的好朋友。

天阴沉沉的，仿佛快要压下来一样，让人有种窒息的感觉。小敏的心情跟天色一样差，出门，去闹市，径直找到角落里的售药小贩，给钱，得到一袋“毒鼠强”，然后揣进衣兜，悄悄回家。这一切做得那么干净利索，以至于家人毫无察觉。接下来的日子，小敏伺机而动——

小敏的行动目标是佳美。在这之前，佳美一直是小敏的同桌、室友，也是最好的朋友。但现在，小敏一想到她，心里就窝火。

小敏刚过完18岁生日，班里就转来一位名叫张芳的新同学。张芳成绩很优秀，同学们都很喜欢她。开始，小敏和大家一样，也很喜欢她。但渐渐地，小敏认出张芳其实就是小时候和她闹过矛盾，还打过架的芳芳。

由于在童年的争斗中，芳芳给小敏的胳膊上留下了一道伤痕，所以小敏很仇视她。为了表达自己的不满，小敏决定从此之后不理会张芳，还叫好朋友佳美也不与她交往。

对于小敏的要求，佳美没有多问，只敷衍地点点头。但课间、课余，仍然和张芳说说笑笑。为此，小敏对佳美意见很大，几次提醒佳美别和张芳这个“危险人物”在一起，可每次佳美都一笑而过。

小敏觉得张芳的出现，让佳美整个人都变了。而且，她更感觉同学们看自己的眼神也有些异样。小敏恨张芳，更恨佳美的“背叛”。她把这一切的根源都怪罪到佳美身上，并寻思着找个机会给佳美点“颜色”看看。

每次，小敏看到佳美和张芳的身影，都恨得牙痒痒。购买毒鼠强伺机投毒，就是她泄愤的一种手段。

小敏把毒鼠强揣在衣兜，不动声色地上学、下学，去食堂，去寝室，没人怀疑，也没人注意她。这让她的心里更多了一分恨意，时刻寻找着下毒的机会。

很快，小敏发现佳美喜欢把开袋的奶粉放在课桌下面。由此，她想到如果把毒鼠强掺进奶粉中，一定可以神不知鬼不觉地毒死佳美。于是她努力寻找下毒的机会。然而，机会没找到，小敏反而看到佳美常把奶粉与其他同学分享。偶尔，她也会送一勺子给小敏。小敏不想把自己的命搭上，便放弃了在奶粉里下毒的念头。

紧接着，她又想到佳美的水杯是自己独用，于是想找机会直接在她的水杯中下毒。可每次刚要动手，佳美就出其不意地出现在她面前。

有些着急的小敏决定在佳美的饭菜中下毒，她主动要求给佳美打饭。可佳美却推说胃口不好……很长一段时间过去了，小敏的投毒计划都没能实施。

机会来得很突然。那天下午，小敏发现佳美的座位空缺，一问，才知道她患上感冒，待在寝室休息。小敏立即意识到机会终于来了，整节课，她都在构思着如何把毒鼠强混入佳美的感冒药之中，然后让她喝下……

下课铃一响，小敏就飞快地跑向寝室，准备实施自己的计划。刚到寝室门口，她就听到里面有人窃窃私语。侧耳细听，发现是张芳和佳美的声音。原来，小敏只顾着想事情，没注意到张芳也不在教室。

“谢谢你对我这么好！”佳美的声音。

“那一次交通事故，我爸爸有很多过错……谢谢你还能谅解我。”这是张芳的声音。小敏突然想起半年前，佳美的奶奶出了车祸。为了不让佳美伤心，她当时也没多问这件事。但她没想到肇事者竟然是张芳的爸爸，更没想到也不能理解的是佳美居然还能原谅张芳，和她成为好朋友。

“善待别人，也是善待自己！”从佳美的语气中，小敏听出了谅解与宽容。回想自己为了童年的小事，变得处心积虑，小敏顿感无地自容，立马把兜里的毒鼠强丢进了垃圾桶……

“对不起！我差一点犯罪了……”小敏泪如泉涌，冲进寝室，坦白了自己这段时间的所作所为。

“你还是我们的好朋友。”佳美、张芳和小敏紧紧地抱在一起。

（文中人物均为化名）

法律知识链接

投毒罪是重罪。《刑法》第一百一十五条规定，放火、决水、爆炸以及投放毒害性、放射性、传染病病原体等物质或者以其他危险方法致人重伤、死亡或者使公私财产遭受重大损失的，处十年以上有期徒刑、无期徒刑或者死刑。第一百一十四条规定，放火、决水、爆炸以及投放毒害性、放射性、传染病病原体等物质或者以其他危险方法危害公共安全，尚未造成严重后果的，处三年以上十年以下有期徒刑。

第二十二条规定，为了犯罪，准备工具、制造条件的，是犯罪预备。对于预备犯，可以比照既遂犯从轻、减轻处罚或者免除处罚。

本故事中，小敏购置毒鼠强，伺机投毒，属于“犯罪预备”行为。但因种种原因，她没有把这种犯罪预备“付诸实践”，故不构成投毒罪。但只要她投毒，即与“投毒罪”罪名有关。小敏 18 岁，属于完全行为能力人，即使投毒未遂也可判刑三年到十年，如果投毒致人死亡重则可判无期徒刑或者死刑。

14. 一个悔恨终身的“玩笑”

开玩笑不仅能制造轻松的气氛，也是幽默的一种体现，常常可以令人从生活、学习压力中解脱出来。对于一般人而言，“玩笑”就是一个小得不能再小的“芝麻”事。但前不久，有人偏偏就为这“芝麻”大的事，犯下了令自己悔恨终身的错误。

这事发生在一个名叫陆军的高三应届毕业生身上。陆军今年 18 岁，性格开朗、活泼好动，时常爱在班里耍弄些小幽默，逗得同学们开怀大笑。因为开心，谁也没追究过他，还赐给他“开心果”的绰号。久而久之，开玩笑成了他的“必修课”。

临近高考报名的前两天，陆军偶遇小时候的邻居小白。因为搬家，陆军好多年没见小白，但他俩却再见如初。

几番攀谈之后，陆军知道小白辍学去了一家工厂，有时也兼职做些小业务。小白也了解到陆军还爱开玩笑。

小白认为陆军之前那些在别人后背贴纸条、突然冒出来吓人的玩笑太低端，他提议陆军把玩笑开得高端一些。

“怎么个高端法？”陆军见小白一副神神秘秘的样子，于是问。

小白没有正面回答陆军的提问，而是让他悄悄收集班上同学的学籍资料、报名号等信息，说过一段时间就会“见分晓”。陆军不知道小白葫芦里卖的什么药，不过他想只是一个玩笑而已，于是真的悄悄收集了五个好朋友的信息。事后，小白没再联系陆军。因为忙于高考，陆军也没理会这事。

不久，同学们开始填报志愿。这时，小白把陆军叫到一家网吧，他通过陆军提供的同学信息，登录了高考志愿网。顷刻，陆军五个好朋友填报的高考志愿一一呈现。

“要是明儿一早，他们发现自己的志愿变了，会怎么样？”小白坏坏地问。

陆军一听，立马明白了小白的用意。顿时，他脑子里闪现出好朋友们发现志愿被篡改后，一个个惊慌失措的样子。不过，陆军并不想真的篡改大家的志愿，他只想捉弄一下大家，然后再把志愿恢复原样。

“见证奇迹的时刻就快到了。”在小白的提议下，陆军和他一起把五个好朋友的志愿全都改成了同一所职业院校。

第二天一早，陆军为了看看好朋友们的反应，便打电话逐个询问他们高考志愿填得怎么样了。开始的时候，大家满不在乎地说已经填好了，并没有表露出惊慌失措，陆军不肯罢休，暗示他们复查一下高考志愿。

很快，好朋友们都知道自己的高考志愿被篡改。在电话里听到大家惊慌的语气，陆军暗暗发笑。笑完之后，他决定悄悄替他们把志愿改回来。这时，他却发现那些志愿全都已经提交，不能更改了。

“天哪，我是不是闯祸了？”陆军意识到事情不妙，立马打电话给小白，请小白帮忙想对策。这时，他发现对方已经关机。

几乎不用想，好朋友们全都知道是陆军篡改了他们的高考志愿。由于要想把志愿改回来有很大难度，所以大家把警察带到陆军家，要他给个说法。

“我只想开开玩笑，没想到事情会变成这样……”陆军无辜地把事情的来龙去脉讲给民警听。

“这事并非开玩笑那么简单。”民警听后，认为小白身上一定隐藏着不可告人的目的，决定抓捕小白。

通过一番严密的侦查，民警在一家网吧找到了小白。据小白交代，他之所以这样做，是因为收了人家的钱财。民警顺藤摸瓜，继而破获了一起不正当生源竞争案件。很快，小白和他的“幕后人”被刑拘。

“我没事了吧？”陆军认为自己只不过是开开玩笑，应该没什么问题。

“你这‘玩笑’开得太大，所以不能一笑而过。”民警看着不懂法的陆军，不知道说什么好。

几天后，小白和相关人等被司法机关提起刑事诉讼。

“《刑法》第二百八十六条第二款规定，违反国家规定，对计算机信息系统中存储、处理或者传输的数据和应用程序进行删除、修改、增加的操作，后果严重的，处五年以下有期徒刑或者拘役；后果特别严重的，处五年以上有期徒刑……小白、陆军涉嫌恶意更改计算机信息系统中存储的数据，据其情节轻重，分别判处有期徒刑四年零六个月、三年零六个月……”法庭作出裁决。

“我对不起大家！”陆军没想到自己和小白只不过动了动手指头，竟然造成这么严重的后果，更没想到会因为一个玩笑把自己送进监狱。

（文中人物均为化名）

法律知识链接

《刑法》第二百八十六条第一款规定，违反国家规定，对计算机信息系统功能进行删除、修改、增加、干扰，造成计算机信息系统不能正常运行，后果严重的，处五年以下有期徒刑或者拘役；后果特别严重的，处五年以上有期徒刑。

第二款规定，违反国家规定，对计算机信息系统中存储、处理或者传输的数据和应用程序进行删除、修改、增加的操作，后果严重的，依照前款的规定处罚。

本故事中，陆军和小白“违反国家规定，对计算机信息系统中存储、处理或者传输的数据进行恶意修改”，后果严重，故依法判刑。

15. 胳膊上的针眼

你们幼儿园不给个说法。这事就没完！
你今天当班，所以嫌疑最大。
我女儿爱孩子，绝对不会用针刺孩子。
我来想办法。别担心。
幼儿行为心理学专家
夏阿姨
孩子和保育员张阿姨接触有很明显的抵触情绪！张阿姨的嫌疑最大。
啊……那天中午，青青怎么也不睡，我就……
凶手是张阿姨，她将会受到法律的制裁。
在今后的幼教生涯中，我一定好好爱孩子……

小韫性格活泼，能歌善舞，还特别爱和小朋友打交道，所以高中毕业后报考了幼师专业。经过几年勤奋的学习，小韫走上了心爱的幼教岗位，可工作没几天，就遭遇了一件令她措手不及的事。

那天放学后，小韫刚到家一会儿，园长就打电话让她赶快回一趟幼儿园。小韫不知道究竟发生了什么事，立即以最快的速度赶回幼儿园。原来，小韫所任教班级的一位家长到幼儿园反映问题，园长急忙找小韫了解情况。

那位家长情绪非常激动地向园长反映，他家的孩子青青胳膊上出现了针眼。早上，父母给青青穿衣服时，没发现他身上有针眼。下午放学后，父母把青青接回家，却发现他胳膊上竟然无缘无故多了一个针眼。因为青青小朋友是全托，一整天都在幼儿园，所以家长认定针眼是在幼儿园造成的，要小韫老师给个说法。

放学前，小韫按照惯例对每一位小朋友进行了检查，没发现任何异常。一般情况下，如果小朋友受到欺负，情绪会表现得很异常，哭闹是最明显的表达方式之一。可青青既没有哭闹，也没有不高兴，所以小韫怀疑青青家长语言的可信度。

青青家长挽起青青的袖子，露出青青的胳膊，小韫一看，上面果然有一个针眼。由于幼儿园晨检一般仅仅观察孩子的脸部及其可见的身体部位，不会翻开每个小朋友的衣服查看，所以小韫真有些怀疑青青的伤痕是在早上就有了。

“医生已经鉴定过了，这是新伤。”家长看出小韫的心思，恨恨地说。小韫仔细查看青青的针眼伤痕，只见伤口鲜红鲜红的，于是明白那一定是新伤。

“放学后，你们带青青去了哪儿？”小韫不能排除是放学之后，家长看管不周让青青受伤。

“放学后，我们一直和青青在一起。难不成我们会用针刺自己的宝宝，然后来找你的麻烦？”家长说这话时，已经非常生气了。

“青青，你告诉老师，这是怎么回事？”小韫无言以对，便拉着青青问。青青摇摇头，又点点头。青青才2岁，加之语言能力较班里其他孩子发展得慢，还不会说话，所以根本无法说出事情的真相。

“离园后，你们带青青去一些危险地方没有？比如刺槐林……”小韫想到有可能放学后，青青家长带着他去了一些危险的地方，让青青不小心碰到硬物或刺，造成刺伤，便小心翼翼地问。

“若那样，衣服也会被刺个洞，可孩子的衣服完好无损……孩子的伤一定发生在幼儿园，而且你今天当班，所以嫌疑最大。”之前，家长在网上看过很多幼儿教师虐童事件，又见小韫闪烁其词，加之小韫班上的另一位老师外出培训，一整天都是小韫代班，所以便把目标指向她。

可实实在在，小韫并没用针刺青青。她忍不住委屈地哭了起来。

“收起你的眼泪。这事不能就这么算了。”家长扬言要把这事告到教育局，然后怒气冲冲地离开了。

“我们幼儿园绝不允许此类事件发生。你好好想想，一定要还原事实的真相。”园长的表情很严肃。

小韫没有用针刺青青，但此情此景，她百口莫辩。看来，只有找到真相，才能还自己清白。可是，谁能给出事实的真相呢？为此，小韫冥思苦想。

班里有几位小朋友比较调皮，常常弄出一些恶作剧。所以小韫有些怀疑青青胳膊上的针眼是班里的几位调皮孩子所为，她于是分别找到几位小朋友了解情况，可孩子们谁也不承认用针刺了青青。而且关键在于，孩子们虽然调皮点儿，但都没有针，所以小韫很快就排除了他们的嫌疑。

为了查明真相，小韫向班里所有小朋友询问线索，结果孩子们太小，谁也说不清，道不明。由于找不到任何线索，青青的家长把青青胳膊上被针刺的事儿告到教育局。第二天，小韫被教育局停职查办。

小韫的妈妈知道小韫爱孩子，不可能做出这么残忍的事，为她请了幼儿行为心理学专家夏阿姨调查此事。

夏阿姨把青青带到小韫上班的幼儿园，然后叫来幼儿园的工作人员，让孩子与她们接触，逐个排查。很快，保育员张阿姨被列入重点怀疑对象。

“出事那天中午，青青总也不睡，我就……”张阿姨坦白了自己的罪恶行径。其实，她之前也有过这样的行为，由于针刺的部位不显眼，她又恐吓小孩子不准回家告诉家长，才瞒天过海这么久。

小韫沉冤得以昭雪，认为张阿姨应该受到法律的严惩。

“《刑法修正案（九)》出台后，在《刑法》第二百六十条后增加一条虐待被监护、看护人罪，条文规定，对未成年人、老年人、患病的人、残疾人等负有监护、看护职责的人虐待被监护、看护的人，情节恶劣的，处三年以下有期徒刑或者拘役……所以，涉事保育员不仅仅是被免职，等待她的将是法律的制裁。”教育局把涉事保育员移交相关部门之后，宣布整改小韫所在的幼儿园。

“在今后的幼教生涯中，我一定好好爱孩子……”小韫暗下决心。

（文中人物均为化名）

法律知识链接

《刑法》第二百六十条之一规定，对未成年人、老年人、患病的人、残疾人等负有监护、看护职责的人虐待被监护、看护的人，情节恶劣的，处三年以下有期徒刑或者拘役。单位犯前款罪的，对单位判处罚金，并对其直接负责的主管人员和其他直接责任人员，依照前款的规定处罚。有第一款行为，同时构成其他犯罪的，依照处罚较重的规定定罪处罚。

本故事中，保育员张阿姨在孩子午睡期间，对孩子负有看护职责，其间用针刺小朋友，情节严重，已构成犯罪，故等待她的将是法律的严惩。

16. 不能干的“高薪职业”

去医院医闹堵门，一次就有400块钱！怎么样？这工作不错吧。
真的？
我们这是伸张正义，又不像当小偷那样，会被抓起来。
马洲，医闹这种行为是不对的，别再干了。
被抓了也不怕！顶多就是罚罚款，关几天。
作为首要分子，你将被严惩。
啊？
一分劳动，一分收获，我错到家了……

马洲18岁，因为沉迷网络，没考上大学，成天无所事事，堕落成了一名地地道道的“网吧客”。父母看在眼里，急在心里，苦口婆心劝他要么复读，要么学门技术好好工作。父母的话就像一阵耳边风，吹吹就过去。马洲从没当真，依然“我行我素”。

父亲见马洲如此不争气，心灰意冷，开车不小心出了车祸，身亡了。母亲抑郁成疾，没法工作，家庭经济顿时一落千丈。对于马洲而言，这些似乎不是重点，重点是他再也不能像以前那样拿着大把大把的钞票去网吧挥霍了。

为了维持自己在网吧的开销，马洲寻思着自己找活干。他去附近一些工厂应聘，结果不是招聘方嫌弃他没有文凭，就是他嫌弃人家的工作太苦太累，待遇又太低。轻松、挣钱多，又没有技术含量的工种，是马洲的首选。可是，上哪儿去找这样一份安逸又收获多多的工作呢?

为此，他开始四处寻找，可是几天过去了，他一份工作也没找到。

由于网吧里有一些小青年靠偷窃过日子，出手大方又很“悠闲”，所以马洲也萌生了偷窃的想法。他见公交车上人多，容易“下手”，便混上公交车，开始搜寻目标。这时，他看到车内还有一个“业内人士”，此人正悄悄偷窃一位乘客的钱夹。马洲看到他得手很快，忍不住羡慕不已，蠢蠢欲动。

“小偷，我等你很久了。”突然，一双冰冷的手铐铐住那个

"业内人士"。原来，便衣警察已经盯上那个小偷很久，他此次作案正好被逮了个正着。警察带走小偷，车内乘客顿时议论纷纷。他们谈得最多的便是盗窃罪和因为盗窃进监狱的事儿。马洲不想被关起来，他脑子嗡嗡作响。

偷窃的"工种"暂且"搁浅"，马洲的手头越来越紧，以至于没钱进网吧。这天，他在网吧外晃悠。老板见状，叫住他，神神秘秘地问："马洲，我给你介绍一份工作怎么样？"

"什么工作？"马洲可不想要太辛苦的工作。

"这份工作自由自在，保准适合你。最主要是待遇不错，干得好的话，月入万元也说不定……这是黄经理的电话号码，你可以打打看。"网吧老板观察马洲已经有一段时间了，对马洲很了解。他给了马洲一个电话号码。

"需要大学文凭吗？需要面试吗？"马洲对网吧老板口中所说的高薪职业充满好奇，在庆幸自己好运气的同时，想也没想就拨通了黄经理的电话。

不需要大学文凭，也不需要面试，黄经理直接录用了他："正好，这边有一单生意。一次400元，你马上到K民营医院来。"

"一次400元？照此下去月入过万不是神话。"马洲见开工就有钱，觉得这真是一个好职业，立马以飞快的速度来到指定地点。

"你和他们几个负责堵在医院门口，其他人跟我走！"黄经理让马洲堵在医院门口不让病人进入，然后带着一大队人马冲向医院。K 民营医院是新开的，生意一直不错，马洲不明白黄经理为什么要这样做，正要问，另一个被安排堵门的“同事”给出了答案：“这家医院刚出了医疗事故，黄经理帮病人的家属找医院讨说法去了。”

马洲一听，既然出了医疗事故，医院理所当然应该担责任，便尽职尽责地和大家堵在医院门口。大约一个小时之后，黄经理带着大家昂首阔步地从医院走出来。他给堵门的人分别发了400 元现金，并让大家随时待命。

如此轻松就挣到 400 元，这对于马洲而言，无疑是“旗开得胜”，他拿着钱，高高兴兴地去了网吧。

“这个工作不错吧？”网吧老板问。马洲点点头，感激地看着老板。

就这样，马洲与那个黄经理穿梭于各家医院。因为出工就有收获，所以他的钱包渐渐鼓了起来。

“马洲，你最近在干什么呢？”马洲的母亲看出马洲的变化，于是问。

“我找到了一份高薪工作。”马洲把自己最近做的事原原本本告诉母亲。母亲一听，觉得很不对劲儿，劝马洲别再干了。

“我们这是伸张正义，又不像当小偷那样，会被抓起来。”因为能赚到钱，所以马洲显得无所顾忌。母亲要再劝，马洲就离开家，不见母亲。

由于马洲的“工作”很出色，黄经理让他正式加入公司的“核心层”，成为“公司”的首要人物之一，工作从单一的堵门，变为在医院设灵堂、设置障碍阻挡患者就医、殴打医护人员等，给医院施加压力，从中获利。无疑，马洲成了专业的医闹人员。

虽然有时候，马洲也觉得自己的行为有些不妥，但看到大把的钞票，就什么也不去想了。

一晃，到了 2016 年春节。那天，马洲随黄经理等人来到一家民营医院，为一名死者家属“讨公道”，在打伤医院多名医护人员之后，被前来的警察抓获归案。

“顶多就是罚罚款，关几天。”黄经理不当一回事，他安慰马洲说。

“《刑法修正案（九）》于 2015 年 11 月 1 日实施，新修正的《刑法》第二百九十条第一款规定，聚众扰乱社会秩序，致使医疗无法进行，造成严重损失的，对首要分子，处三年以上七年以下有期徒刑；对其他积极参加的，处三年以下有期徒刑、拘役、管制或者剥夺政治权利……作为首要分子，你们将被严惩。”警察阴沉着脸。

“啊？”黄经理吓得两腿发软。

“一分劳动，一分收获，我错到家了……”马洲想起死去的父亲和病重的母亲，追悔莫及。

（文中人物均为化名）

法律知识链接

根据《治安管理处罚法》第二十三条的规定，扰乱机关、团体、企业、事业单位秩序，致使工作、生产、营业、医疗、教学、科研不能正常进行，尚未造成严重损失的，处警告或者200元以下罚款；情节较重的，处5日以上10日以下拘留，可以并处500元以下罚款。而聚众实施前款行为的，对首要分子处10日以上15日以下拘留，可以并处1000元以下罚款。

《刑法》第二百九十条第一款规定，聚众扰乱社会秩序，致使医疗无法进行，造成严重损失的，对首要分子，处三年以上七年以下有期徒刑；对其他积极参加的，处三年以下有期徒刑、拘役、管制或者剥夺政治权利。

本故事中，马洲、黄经理采用在医院设灵堂、设置障碍阻挡患者就医、殴打医护人员等方式，给医院施加压力的行为，致使医疗无法进行，造成严重损失，且属于“首要分子”，将面临三年以上七年以下有期徒刑等处罚。

17. 李小白到此一游

你去过那么多地方，留下点什么没有呢？
我拍了好多照片。
我是说，名胜古迹有你的足迹吗？
唔~有道理。
嘿~这里没人，就刻在这儿吧！
别碰木雕！
故意毁损文物会触犯《刑法》，构成“故意损毁名胜古迹罪”。
看来还挺严重！

李小白原名李山，因爱好游山玩水，且向往唐代伟大诗人李白那样的浪漫主义情怀，而自封为“李小白”。别看李小白刚满 18 岁，但他去过的名胜古迹却数不胜数，每次旅游回来，他都有说不完的话题。

对于李小白的见多识广，同学们除了羡慕还有几分嫉妒。冷不丁，一位同学用半信半疑的语气问：“既然你去过那么多地方，留下点什么没有呢？”

“我拍了好多照片，这些都是美好的回忆呀。”李小白自豪地答道。

“你自拍的照片只能你一个人或朋友圈子的人知道。我是说，名胜古迹有你的足迹吗？更多的人知道你去过那里吗？”那位同学嘲讽地说。

虽然是同学无心的一句话，但李小白听着总觉得有那么一点儿道理。他寻思着今后无论到哪儿，都得留下一点痕迹，最好能写上“李小白到此一游”，以此加深游客的印象。

暑假，李小白和父母游某古遗址。看着古人留下的亭台楼阁，李小白仿佛置身于古代，顿时心潮澎湃。此时，他情不自禁地想，要是能找一处地儿，留下自己的大名，就好了。

说干就干，李小白随便找了一个借口，离开父母，自个儿游览起来。他一边游览，一边寻找能写写画画的地方。不一会儿，他看到古月楼的旁边有一棵千年柳树，心里一动，寻思着在柳树上留下自己的大名。

李小白靠近柳树，找了一面相对平坦的树干。然后从背包里拿出事先准备好的小刀，准备刻字。

“小伙子，爱护柳树，人人有责。你可别在柳树上刻字哦！”一位游客路过，喝止了李小白的行为。

李小白想想也是，便停住动作，到别处寻找目标。

穿过柳树林，李小白看到一把石板做的椅子。他心想，柳树有生命，石板椅子应该没有生命，刻个字应该不会碍着谁，便准备行动起来。

“小伙子，石板椅子是供人坐的，可不能刻字哦。”李小白拿出小刀，正要开始刻字。几位游客路过，出声阻止了李小白的行为。

“我只不过是想留下自己的名字，也不影响游客坐呀。”李小白争辩道。

“这里的所有物品，都是古人留下的珍贵文物。它除了能供人坐以外，还具有很高的研究价值。更可况，我们还舍不得坐它呢……”游客中，一位年纪大一点儿的老爷爷说。

李小白心想，一块破石板有什么研究价值，不过，他见人多势众，便走开了。

绕过石板椅子，李小白来到一座木雕前。木雕很大，看起来很壮观，李小白心想，要是能在木雕上刻下自己的名字一定会很了不起。这一次，他没有轻举妄动，只悄悄地观察游客的动向。

不一会儿，游客离开了。当木雕周围一个人也没有的时候，李小白拿出小刀，准备悄悄刻字。

“小伙子，别碰木雕！这是上好的乌木雕像，已经有一千八百年的历史啦！”可是，当李小白刚要触摸到木雕的时候，一位管理员不知从哪儿一下子冒了出来。

“吓我一跳。我只是太喜欢它了，想摸摸。”李小白赶紧收起小刀，佯装在欣赏木雕。

“喜欢它，就要爱护它。”管理员见李小白很喜欢木雕，便和他聊开了。管理员从战争年代，讲到和平年代，再从和平年代讲到战争年代……

“原来，保护木雕真的不容易。”李小白附和道。

“可是，现在有一些年轻人不怎么爱护古人留下来的东西，存在任意毁损的现象。唉！我们采用了很多防范措施，都不能杜绝毁损现象的发生呀……不得已之下，我们这儿上个月还安了针孔摄像头。”管理员指了指木雕上方。李小白仔细一看，发现那儿果然有一个让人不易发现的针孔摄像头。原来，管理员成天坐在监控室，看着游客们呢。

顿时，李小白的脸一下子红到了耳根。

“以前，我们曾经抓到几个年轻人。由于相关部门只能以《治安管理处罚法》第六十三条‘刻划、涂污或者以其他方式故意损坏国家保护的文物、名胜古迹的，处警告或者二百元以下罚款；情节较重的，处五日以上十日以下拘留，并处二百元以上五百元以下罚款’的规定来处罚，力度不够大，所以毁损事件屡禁不止。”管理员说。

“看来，问题还挺严重。”李小白皱着眉头。

“因为《刑法》第三百二十四条第二款规定，故意损毁国家保护的名胜古迹，情节严重的，处五年以下有期徒刑或者拘役，并处或者单处罚金……这意味着，故意毁损文物会触犯《刑法》，构成‘故意损毁名胜古迹罪’。”管理员的脸上带着欣慰。

李小白没想到事情会这么严重，不免有些后怕。

“遗憾的是，我们的监控设施还没完善到百分百没有盲点，所以爱护文物，爱护名胜古迹还得靠大家自觉，靠大家的爱心……”管理员意味深长地说。

“我愿做一个文物爱好志愿者，为保护文物，保护名胜古迹尽一份微薄之力。”李小白在心里暗暗说。

旅游结束，李小白回到班上。他没有显摆自己的照片，也没有显摆自己的游历，而是给同学们讲起了爱护文物的重要意义。这次，同学们给予他的掌声更加热烈，之前那位嘲讽他的同学则羞愧地低下了头。

（文中人物均为化名）

法律知识链接

故意损毁名胜古迹罪，是指违反文物保护法规，明知是国家保护的名胜古迹而予以损毁，情节严重的行为。

《治安管理处罚法》第六十三条规定，有下列行为之一的，处警告或者200元以下罚款；情节较重的，处五日以上十日以下拘留，并处200元以上500元以下罚款：

（一）刻划、涂污或者以其他方式故意损坏国家保护的文物、名胜古迹的；

（二）违反国家规定，在文物保护单位附近进行爆破、挖掘等活动，危及文物安全的。

《刑法》第三百二十四条第二款规定，故意损毁国家保护的名胜古迹，情节严重的，处五年以下有期徒刑或者拘役，并处或者单处罚金。

本故事中，李小白没有实行自己的毁损行为，不存在犯罪。对于毁损文物的故意，《刑法修正案（九）》实施前，处罚款、拘留，但《刑法修正案（九）》实施后，犯罪嫌疑人将会触刑，面临“五年以下有期徒刑或者拘役”等重罚。

18. 一条眼镜蛇

眼镜蛇很进补，也可泡药酒。你带回家给奶奶吧。
谢谢山槐哥！
二柱，我出30元，把蛇卖给我吧。
也不错，可以给奶奶买点好吃的。
这家蛇餐馆涉嫌宰杀珍贵野生动物，我们观察他们已经很久了……
我没犯法，凭什么抓我？
眼镜蛇属于国家一级保护动物。捕杀、倒买倒卖都将受到处罚。
抓一条眼镜蛇也犯法？

兔子爱吃泽漆，二柱家养了很多兔子，需要成堆的泽漆。泽漆为一年或两年生草本植物，满山遍野都可找见。每天一放学，13 岁的二柱就背上背篓，到处采撷泽漆。

这天下午放学后，二柱像往常一样，来到田间地头找寻泽漆。突然，一丛茂密的泽漆引起了他的注意。他刚要上前采撷，一条眼镜蛇不知从哪儿冒了出来。眼镜蛇挡在泽漆前，定定地望着二柱。二柱知道眼镜蛇的毒性，生怕被咬到，吓得不敢动弹。

正当二柱焦头烂额，不知如何脱身时，一张大网从天而降。大网网住眼镜蛇，救了二柱。惊魂未定的二柱抬头一看，发现是好朋友山槐大哥，山槐大哥和二柱年龄差不多，正准备下河捕鱼。他眼疾手快，甩出渔网，网住了眼镜蛇，避免了一场惨剧的发生。

“谢谢你救我一命。”二柱很感激山槐大哥。

“咱俩是好兄弟，别客气。眼镜蛇很进补，也可泡药酒。你带回家给奶奶吧。”山槐大哥说完，大大咧咧地向小河走去。

二柱的奶奶患有严重的风湿病，若用眼镜蛇泡药酒，会有很好的疗效。于是，二柱毫不犹豫地把眼镜蛇带回了家。

奶奶信佛，不杀生，她让二柱把眼镜蛇放归大自然。二柱表面上答应，可心里却暗暗打起了小算盘，他想拿眼镜蛇换点什么。由于前几天马戏团死了一条蛇，所以二柱觉得马戏团可能需要一条蛇作为“替补演员”。如若这样的话，眼镜蛇的价格一定不菲。二柱想到这儿，提着眼镜蛇，直奔马戏团而去。

马戏团的一位络腮胡叔叔看了看二柱，又看了看网中的眼镜蛇，伸出五根指头。二柱以为五十元，不禁眉开眼笑。可络腮胡叔叔减了一个零，只给 5 元，还说这样的蛇，他随时都能捕到，二柱不卖也没关系。

在二柱心里，那条眼镜蛇至少也值 50 元，他觉得络腮胡叔叔欺负他人小，没给足价钱。二柱不愿意贱卖网中的蛇，他昂起头，提着眼镜蛇离开了马戏团。

可是，二柱却不知道还有谁可以收购他的眼镜蛇。为了找到买主，他提着眼镜蛇四处闲逛。

“二柱，哪儿来的蛇？”在街口，二柱遇到同村的李叔。李叔叫住他询问。

“是山槐大哥捕到的。”二柱惴惴地回答。

李叔看了看眼镜蛇，愿意出 30 元钱购买。二柱心想，30 元总比 5 元钱卖给马戏团好，于是想也没想就答应了。

一手交钱，一手交货。二柱轻轻松松就赚到 30 元，他寻思着给奶奶买点好吃的回去，便在街上转悠起来。

不久，二柱路过一家新开的蛇餐馆。这时，他看到刚才买蛇的李叔从餐馆出来，只见他一边往外走，一边把两张百元大钞往兜里揣。二柱不用想，就知道李叔用他的眼镜蛇赚了一笔钱。二柱越想心里越不舒服，便走上前，质问李叔。

“二柱，别闹！我们有钱一起赚。”李叔的样子显得很诡异，似乎怕被人听见一样。他悄悄递给二柱 50 元，说这也算是补偿。

二柱没想到眼镜蛇还能卖到这么高的价钱，当他正寻思着再请山槐大哥抓几条蛇来卖给蛇餐馆时，一辆警车从远处疾驰而来，车上下来几位警察。其中两位民警挡住了他和李叔的去路，另一些人则进入蛇餐馆。

几分钟后，蛇餐馆的老板被铐上了车。同时，民警把二柱、李叔也一并带到派出所。

“我没犯法，凭什么抓我？”对于突如其来的变故，二柱丈二和尚摸不着头脑。李叔则捂着头，一脸沮丧。

“这家蛇餐馆涉嫌宰杀珍贵野生动物，我们观察他们已经很久了……”民警的表情很严肃。原来，他们蹲点调查蛇餐馆已经有几天了，而李叔则是专门负责倒买倒卖的供货中间人，也早已被列入重点抓捕对象。

“抓一条眼镜蛇也犯法？”二柱想起之前村子里的人也有捕杀眼镜蛇，那时候也没人管。

“《刑法》第三百四十一条规定，非法猎捕、杀害国家重点保护的珍贵、濒危野生动物的，或者非法收购、运输、出售国家重点保护的珍贵、濒危野生动物及其制品的，处五年以下有期徒刑或者拘役，并处罚金；情节严重的，处五年以上十年以下有期徒刑，并处罚金；情节特别严重的，处十年以上有期徒刑，并处罚金或者没收财产……眼镜蛇在国际上被列入《濒危野生动植物种国际贸易公约附录》，同时在我国被列入《国家保护的有益的或者有重要经济、科学研究价值的陆生野生动物名录》，属于国家一级保护动物。任何形式的捕杀、倒买倒卖都将受到处罚。”民警对二柱进行了批评教育，同时决定把李叔和蛇餐馆的老板的罪行向上级汇报。

“我得赶快把这个消息告诉山槐，免得他以后因为捕杀眼镜蛇犯罪。”二柱从派出所一出来，就寻思着把这个重要的消息告诉好朋友山槐。

（文中人物均为化名）

法律知识链接

《刑法》第三百四十一条规定，非法猎捕、杀害国家重点保护的珍贵、濒危野生动物的，或者非法收购、运输、出售国家重点保护的珍贵、濒危野生动物及其制品的，处五年以下有期徒刑或者拘役，并处罚金；情节严重的，处五年以上十年以下有期徒刑，并处罚金；情节特别严重的，处十年以上有期徒刑，并处罚金或者没收财产。违反狩猎法规，在禁猎区、禁猎期或者使用禁用的工具、方法进行狩猎，破坏野生动物资源，情节严重的，处三年以下有期徒刑、拘役、管制或者罚金。

本故事中，山槐捕猎眼镜蛇，二柱、李叔贩卖眼镜蛇，蛇餐馆老板宰杀眼镜蛇的行为，都涉嫌违法。二柱和山槐属于未成年人，故对他们只是批评教育，但对李叔和蛇餐馆老板的处罚不会轻。

19. 超载的中巴车

姑父，你的车已经严重超载了。
没事，哪有给钱不捡的道理。
记12分，罚款1000元。
是是，下次肯定不会了。
你这车没买多久，分倒是扣得不少……
什么？姑父已经不是第一次被开罚单了？
2015年11月1日以后超载纳入危险驾驶罪。
啊，看来，还真不能超载了。

张苗的姑父住在一个偏僻而又穷困的乡村，离城里很远，那里的人进城很不方便。姑父看准商机，贷款买了一辆中巴车，往返乡下至城里这段路，载客赚钱。每天，姑父负责开车，姑妈负责售票，眼看就要把贷款还上，可姑妈却患上严重的风寒，以至于不能售票。恰好这时，张苗高考结束，她于是主动替姑妈顶班。

张苗顶班的第一天，就发现姑父的中巴有严重超载现象。中巴车上写明准载30人，可车内却挤下接近40人，而且途中只要有人招手，姑父就会停车搭载。

“姑父，车已经超载了。”张苗知道超载会让车辆控制能力降低，容易导致交通事故发生，而且乡下的公路又是单行道，发生事故的概率很大。看着已经被挤得满满当当的车，张苗不敢大意，挤到司机台，小声提醒姑父。姑父只看了张苗一眼，却没对她的提醒做出任何应答。

张苗以为姑父没听见，于是把声音提高了一点儿。

“没事！”姑父漫不经心地哼了一声，继续向前行驶。

张苗见姑父不太理会自己，也不好再说什么，忐忑不安地回到自己的位置。一路上，张苗都绷紧了神经，生怕出事。

经过很长一段时间的颠簸，中巴车开上了进城的双行道。张苗“提”着的心总算放下一点儿。

可是，张苗很快发现，进城的双行道弯道很多，也不是那么安全。冷不防，前面冒出一辆大卡车，冷不防，前面又冒出一辆小轿车。所幸的是，姑父的车技很好，一次次地避开险情，一路“勇往直前”。

当车快要驶入城区时，姑父把车稳稳地停在路旁，他让张苗和一些乘客先下车，这让张苗疑惑不解。

“城区有交警，发现超载会罚款。我们在这里等你的姑父，他几分钟之后就会来接我们。”自愿下车的乘客对姑父的行为倒是非常理解。原来乘客都是姑父的老乡，乡下只有姑父家有一辆中巴车，大家巴不得先行进城，即使超载，也愿意搭乘。

作为乘客，对自己的安全都不负责，这让张苗无所适从。怀着深深的不安，她听话地下了车。几分钟之后，姑父果然像老乡们所说的那样，开着中巴车把大家接进了城。

姑父的中巴车轻松地驶过交警站，载着乘客们到达目的地。

“苗苗，你要相信姑父的技术。”因为超载得到“妥善”的解决，姑父的表情变得有些神采飞扬。

“姑父，我还是建议你不要超载，因为这样会很危险。”张苗心怀忐忑地说。对于张苗的建议，姑父只笑不答。他们把车“猫”在站台，等待回乡乘客的到来。在座位坐满之后，姑父把车驶向回乡下的路。张苗数了数，发现车内不多不少，刚好达到中巴车的准载人数 30 人。

张苗以为自己的劝说，对姑父起了作用，姑父不再超载了。

可中巴车刚驶出城，路旁就有几个乘客招手要搭车。

姑父把车停下，让乘客上车。张苗不解地看着姑父。

“哪有给钱不捡的道理？”姑父不等张苗把话说出来，就笑道。张苗一时语塞。超载，在姑父的中巴车上，不可避免地发生着……

因为没有事情发生，张苗渐渐地对超载的概念也“模糊”起来。甚至，她看到路边挥手的乘客，也会主动提醒姑父“生意”来了。然而，几天后发生的一件事，让他们对超载有了不一样的认识——

那天，姑父像往常一样，载着满满一车乘客行驶在进城的路上。途中，一辆执勤的交警车挡住姑父中巴车的去路。

执勤的交警招呼姑父停车后，上车数了数车里的乘客，然后开出一张罚单：“公路客运车辆载客超过核定载客人员 20% 的，扣 6 分，罚款 1000 元。”

姑父赔笑交钱，表示下次一定不会超载。

“唉！罚款、记分不是目的，只是制止超载的一种手段。你这车没买多久，分倒是扣得不少……”执勤交警显得很无奈。从交警的语气中，张苗听出姑父不止一次因为超载被开罚单，可她不明白姑父为什么“屡教不改”。

“这点罚单不算什么，你们很快就会赚回来。但下一次超载，就不仅仅是开罚单的问题了。2015 年 8 月 29 日，第十二届全国人民代表大会常务委员会第十六次会议通过《刑法修正案（九）》，将营运客车严重超员纳入危险驾驶罪，该修正案于11月1日正式实施。”交警警告说。

“超载也犯罪？”姑父一愣。

“《刑法》第一百三十三条之一规定，在道路上驾驶机动车，有‘从事校车业务或者旅客运输，严重超过额定乘员载客，或者严重超过规定时速行驶的；违反危险化学品安全管理规定运输危险化学品，危及公共安全’这些情形的处拘役，并处罚金。而且‘机动车所有人、管理人对前款这些行为负有直接责任的，依照前款的规定处罚。有前两款行为，同时构成其他犯罪的，依照处罚较重的规定定罪处罚’。”执勤交警不是危言耸听。

“姑父？”张苗把目光投向姑父。

“看来，还真不能超载了。”此刻，张苗的姑父已意识到事态的严重性，也明白今后应该怎么做了。

（文中人物均为化名）

法律知识链接

《道路交通安全法》第九十二条第一款规定，公路客运车辆载客超过额定乘员的，处200元以上500元以下罚款；超过额定乘员百分之二十或者违反规定载货的，处 500 元以上 2000 元以下罚款。

《刑法》第一百三十三条规定，违反交通运输管理法规，因而发生重大事故，致人重伤、死亡或者使公私财产遭受重大损失的，处三年以下有期徒刑或者拘役；交通运输肇事后逃逸或者有其他特别恶劣情节的，处三年以上七年以下有期徒刑；因逃逸致人死亡的，处七年以上有期徒刑。

第一百三十三条之一规定：从事校车业务或者旅客运输，严重超过额定乘员载客，或者严重超过规定时速行驶的；处拘役，并处罚金。同时，机动车所有人、管理人对前款第三项行为负有直接责任的，依照前款的规定处罚。

本故事中，张苗姑父在 2015 年 11 月 1 日之前超载的行为属于《道路交通安全法》约束下的交通违法行为，但 11 月 1 日之后超载就将升级为犯罪，要面临拘役、罚金等处罚。超载容易出安全事故，故不论何时、出于何种原因，驾驶者都不要超载，乘客也不要乘坐超载的营运客车。

20. 可怕的“疫情”

天啊，这个病毒太可怕了。赶快转发让更多朋友知道！
张薇，这病毒戴口罩就能预防吗？
是啊，应该去网上查查。
什么？是谣言？我会被判刑吗？
故意编造、传播虚假信息的，有可能构成犯罪。
随便转发很有可能成为编造、传播虚假信息犯罪分子的帮凶。
小奎，谢谢你提醒我。

张薇18岁，是某市一所卫校二年级学生。她喜欢医学，更喜欢玩微信。有事没事，她都会打开微信，要么看看朋友圈好友们的信息，要么自己添加一些照片或转发一些信息到朋友圈。前不久，一条与医学有关的微信信息引起了她极大的关注。

那是一个星期天的早晨，张薇起了个大早。她习惯性地打开手机，指尖轻轻一滑，就进入了微信界面。突然，朋友圈里的一位好友转发的一条可怕的疫情信息引起了她的注意。信息的内容大致为：就在前几天，一种名叫寨卡病毒的传染病蔓延到张薇所在的城市，已造成数人感染、死亡，该市疾控中心已经全面介入此事，信息的结尾还不忘温馨地提醒大家关心家人的安危，出门一定要戴上口罩做好预防、求转发、扩散之类的言语。

张薇的父母属于上班族，每天上班下班挺忙，也挺辛苦，进入公共场所的机会也多，张薇觉得他们被感染的机会很大，于是赶紧打电话把这个重要的消息告诉了父母，并让他们做好防范措施。

“乖女儿，谢谢你。我们会好好照顾自己的。”张薇的父母听到女儿带着关切的声音，感动得快要说不出话来。

得到父母的肯定，张薇心里就像吃了蜜糖一样甜丝丝的，她有了把疫情信息转发给更多人的冲动。小芳是张薇的闺密，在另外一所学校读文科，和张薇的关系很好。张薇很紧张小芳会被感染，她手指一动，又把这条可怕的疫情信息转发给了小芳。

小芳读文科，感情细腻，对于张薇发来的信息，表示了很诚挚的谢意，并表示也会积极转发给她的好朋友。

除了小芳以外，张薇还有很多好友。如果把信息单发的话，不但效率慢，而且费时间。转发是一种很好的方式，能一下子让朋友圈的好友都看到这条信息。她于是索性将那条可怕的疫情信息转发到自己的微信朋友圈里。

不多时，许多好友都在张薇的疫情信息下面发表了自己的感谢之意。

“张薇，你有点儿医学常识好不好？寨卡病毒是通过空气传播，还是通过唾沫传播？戴口罩就能预防吗？”正当张薇为自己的成就沾沾自喜之时，小华打来电话。小华和张薇同校，也喜欢医学和微信。不过，她对张薇的疫情信息表示出极大的怀疑。

张薇一愣，是呀，这究竟是一种什么病毒呢？自己根本就不了解呀。这种病毒究竟能不能通过戴口罩预防？

为了弄明白这种种的问题，张薇打开电脑，开始查资料，结果发现信息中所谓的寨卡病毒，其实是一种虫媒病毒，始发于智利，主要通过蚊虫叮咬传播，人感染后症状多为轻微发热、红疹，陆续已有 24 个国家和地区有疫情报道，其中 22 个在美洲。目前，我国已确诊 5 例，并无传入本市的报道。

“难道这都是谣言？可为什么信息中说我市有那么多人被传

染？”张薇意识到自己有可能转发了不该转发的信息，可又对信息的前半截产生了极大的兴趣。

正当张薇纠结于要不要核实疫情的感染人数的真实性时，又一个好友打来电话。

“如果真的有那么多人被传染，电视、媒体也会播放，但是到目前为止，电视、报纸等，没有一种媒体播报这个消息……所以，你转发的疫情信息应该是造谣。新修订的《刑法》第二百九十一条之一第二款规定，编造虚假的险情、疫情、灾情、警情，在信息网络或者其他媒体上传播，或者明知是上述虚假信息，故意在信息网络或者其他媒体上传播，严重扰乱社会秩序的，处三年以下有期徒刑、拘役或者管制；造成严重后果的，处三年以上七年以下有期徒刑。”这个好友小奎，也是张薇高中时代的同学，大学后考进法学系，她的逻辑思维能力很强，不但提出了疫情信息的许多疑点，而且还阐明了造谣者所应当承担的刑事责任。

“我会被判刑吗？”话说到这份上，张薇恍然大悟，知道自己的确转发了不该转发的信息，不免有些害怕起来。

“根据法律规定，只有故意编造、传播虚假信息的，才可能构成犯罪，你的担忧是多余的。”小奎说。

“哦，我放心了。”张薇如释重负地叹了一口气。

“但没有犯罪的可能，并不意味着可以随意转发网络信息，否则，也很有可能成为编造、传播虚假信息犯罪分子的帮凶。谣言止于智者，我们不信谣、不传谣，每一次转发信息之前，都需要谨慎行事，最好先核实清楚信息的真实性。遇到信息源不可靠的，千万不转、不传，以免给自己带来不必要的麻烦。”小奎说。

“小奎，谢谢你给我上了一堂法律知识课。以后，我知道该怎么做了。”张薇赶紧删除并向朋友们解释了那条疫情信息。

（文中人物均为化名）

法律知识链接

《刑法》第二百九十一条之一第二款规定，编造虚假的险情、疫情、灾情、警情，在信息网络或者其他媒体上传播，或者明知是上述虚假信息，故意在信息网络或者其他媒体上传播，严重扰乱社会秩序的，处三年以下有期徒刑、拘役或者管制；造成严重后果的，处三年以上七年以下有期徒刑。

本故事中，张薇在没有核实信息真实性的基础上，擅自转发信息，属于“不知”虚假信息，“善意”在信息网络传播，虽“够”不上触法，但这并不意味着可以随意转发网络信息，否则，也很有可能成为编造、传播虚假信息犯罪分子的帮凶。谣言止于智者，我们不做谣言的帮凶，就首先要做到不信谣、不传谣，不转、不传虚假信息，以免“助纣为虐”，或是给自己带来不必要的麻烦。

21. 爱撒泼的王静

你想死了吗？
你这人怎么这样？想打架吗？
你看看，人家都不吵了，你也别吵了。
我就知道你们是一伙的。
当事人辱骂警察，涉嫌侮辱司法工作人员……
妈妈，认个错，也许就没事了。
我不就是骂个人吗？能怎么的？
处三年以下有期徒刑、拘役、管制或者罚金……

王静13岁，“名不副实”，动不动就爱撒泼，而且什么恶毒的语言都能从她嘴里说出来。但是前不久，王静“改邪归正”，一改往日爱吵爱闹的脾性，变得谨言慎行起来。

其实，王静之所以爱撒泼，完全是“传承”了她母亲的“优良传统”。王静母亲是村里出了名的泼妇，谁也不敢招惹她。那是一个星期天的上午，王静母女去超市购物，因为一点儿小事，和另一位顾客发生了争吵。

“你想死了吗？”王静母亲出口便来了一句恶毒的语言，对方一听，毫不示弱，结果两个人竟然在大庭广众之下打了起来。

超市保安见势不妙，立马上前制止。王静母亲并不理会，反而越骂越凶，并开始撒泼砸东西。保安见事态严重，只得报警。

几分钟后，警察赶到。警察见王静母亲和顾客的矛盾升级，近乎失去理智，便规劝她们消消气儿。另一名顾客见警察赶到，便停下来不吵不闹了。但王静母亲却不依不饶，仍然大吵大闹，嘴下不留情。

“你看看，人家都不吵了，你也别吵了。”警察说。

“我就知道你们是一伙的。”王静母亲见对手不吭声，认为警察在给她撑腰，情绪变得越发激动。

“别影响人家做生意。”警察警告道。

“关你什么事？”王静母亲反骂。

警察见王静母亲不讲理，只得上前制止，并说明要带她到派出所。王静母亲一听，气不打一处来，开始把目标转向警察，对每一个警察都恶语相向，难听、不堪入耳的话一句接一句。

警察上前，王静母亲就朝他们身上吐口水，接着用头去撞警车。看到王静母亲如此“任性”，警察只好准备对其进行约束。王静母亲见状，更加生气，她竟然跑到马路中间跪在地上，一些车辆赶紧躲闪，说时迟，那时快，警察上前拉回王静母亲，才避免了恶性事故的发生。

为了防止王静母亲再做出一些冲动的行为，警察向分局请求援助。最后，在巡防大队民警的协助下，王静母亲被带回派出所，并被依法行政拘留。

母亲被关，王静吓坏了。她立马第一时间把这事儿告诉了父亲。父亲来到派出所，要派出所放了王静母亲。

“当事人辱骂警察，涉嫌侮辱执法工作人员……”警察拒绝了王静父亲的要求。

“妈妈，认个错，也许就没事了。”王静有些担心地劝母亲。

“我不就是骂个人吗？以前老骂，也没怎么的。你放心，这里好吃好睡的，我还不乐意走了呢……”王静妈妈抱着胳膊，一屁股坐在地上，大有要把派出所坐穿的架势。

由于王静母亲的“不屈服”，当地检察院以其妨碍公务罪，向当地法院提起公诉。庭审前，王静父亲一再强调王静母亲别冲动，可她还是不改“往日作风”。

“根据《治安管理处罚法》第四十二条第二项规定，公然侮辱他人或者捏造事实诽谤他人的，处五日以下拘留或者500元以下罚款；情节较重的，处五日以上十日以下拘留，可以并处500元以下罚款……”法官的话还没说完，王静母亲的情绪显得非常激动。

“我就知道，你们都是一伙的。看来，法庭也没有一个好人。”法庭上，王静母亲不服判决，又开始“出口成章”起来。法官几次制止，王静母亲均不予理睬。

“你涉嫌侮辱法官，扰乱法庭秩序……所以，你的案子需要重新审定。”无奈，法官只得冷冷地说。王静母亲一听，不知道即将面临什么样的审判。不过，她仍然做出一副天不怕地不怕的样子。

“《刑法》第三百零九条第三项规定，侮辱、诽谤、威胁司法工作人员或者诉讼参与人，不听法庭制止，严重扰乱法庭秩序的，处三年以下有期徒刑、拘役、管制或者罚金……”几天后，王静母亲的案子再次开庭，她被宣判入狱。

“孩子，你别走妈妈的老路，一定要好好读书，做个知法守法的好公民。”探视的时候，王静的母亲很后悔自己的行为，认为自己没文化，才犯下低级错误。

“嗯！”王静记下妈妈的话，这才有了本文开头的转变。

（文中人物均为化名）

法律知识链接

《民事诉讼法》第一百一十条第三款规定，人民法院对哄闹、冲击法庭，侮辱、诽谤、威胁、殴打审判人员，严重扰乱法庭秩序的人，依法追究刑事责任；情节较轻的，予以罚款、拘留。

《刑法》第三百零九条第三项规定，侮辱、诽谤、威胁司法工作人员或者诉讼参与人，不听法庭制止，严重扰乱法庭秩序的，处三年以下有期徒刑、拘役、管制或者罚金。

《人民法院法庭规则》第二十条规定，行为人哄闹、冲击法庭，侮辱、诽谤、威胁、殴打司法工作人员或诉讼参与人，危害法庭安全或扰乱法庭秩序的，根据相关法律规定，予以罚款、拘留；构成犯罪的，依法追究其刑事责任。

本故事中，王静母亲对司法工作人员进行侮辱、诽谤、辱骂，不听法庭制止，严重扰乱法庭秩序，故依法被追究刑事责任，被判入狱。

22. 上锁的书房

好好的书房为什么上锁啊？
你要找资料吗？我给你打开。
这书房有什么秘密？
及时上交，也算是知错能改。
究竟是什么书，还需要交给警察保管？
怕孩子看到影响到他，都不敢开书房。现在好了。
原来爸爸是为了我好。

为了提高课堂效率，历史老师安排同学们回家预习第二天的课程，顺便查查与课堂相关的资料。第二天的课程与埃及有关，翔龙对埃及充满向往，一回家就打开电脑，开始查找资料。他输入“埃及历史”几个字，网上一下子罗列出许多与之相关的资料。翔龙心想，他就是再多长几只眼，恐怕一个晚上也看不完。突然，他想起家里曾经有一本马修 · 雷利著的《埃及历史学家》，便想找出来看看。

翔龙隐隐约约记得那本书放在书房，便径直向书房走去。这时，他发现书房的房门被上了一把大锁。父母都是“海归”，文化修养很高，他们时时刻刻教育翔龙也要多读书、读好书，做一个对社会有用的人。为此，翔龙从小就养成了很好的阅读习惯。上中学后，翔龙的课程多了起来，也少有时间去书房，他没想到父母竟然把书房锁起来了。

“好好的书房，为什么上锁呢？”因为忙于功课，翔龙甚至记不清楚书房究竟是什么时候被锁起来的，他不满地抱怨起来。

“你要找书吗？”父亲见状，立即掏出钥匙，打开书房，让翔龙进书房找书。翔龙一眼就看到了自己要找的那本书。为了查资料，翔龙拿着书回到卧室。身后，只听得父亲咔嚓一声，又把书房锁上了。

不一会儿，翔龙又想起可能还需要找一本名叫《埃及考古学》的书，于是又走向书房。父亲看了看翔龙，明白他又要找书，掏出钥匙打开了书房门。很快，翔龙就找到了需要的书。他刚一离开，父亲又把书房锁上了。

翔龙回头看了看父亲，想要询问为何要锁上书房，可一看父亲阴沉着脸，到嘴边的话又咽了回去。不过，他那根好奇的神经立马兴奋了起来。

翔龙猜书房里一定隐藏着什么不可告人的秘密。由于之前他看过一个家庭单独用一间密室保存传家宝的故事，于是猜测家里也有一件传家宝。既然是传家宝，那么之前为什么不锁上呢？翔龙觉得这个猜测多多少少有些站不住脚。

由于母亲也有一把和父亲一模一样的钥匙，也能打开书房的门，所以翔龙由此揣测书房里的秘密一定是要瞒着他。那么，父母有什么秘密要故意瞒着他呢？翔龙百思不得其解。

很长一段时间，翔龙都在暗暗寻找答案。甚至有时候，他会以查找资料为借口，用试探的语气，让母亲把钥匙给他。母亲没有正面回答他的问题，只是打开书房门，让他查找资料。翔龙故意在书房拖延时间，母亲就寸步不离地守在书房，不给翔龙以可乘之机。不过，翔龙还是有了一点小线索，他发现书房中的一个书柜也上了锁。

“秘密就在书柜中，里面会不会有绝密文件，或者秘密档案……最主要的是，这份文件父母只瞒着我……难道，这里面藏着我的身世之谜？”翔龙越想越觉得不对劲，他甚至猜测自己有可能不是父母亲生的。由于自己最近进书房的时间增多，所以父母或许为了瞒着自己，才把书房中的书柜上了锁。而书柜中的文件就是问题的关键所在……

翔龙越想越觉得书柜中有可能藏着自己的身世之谜，他甚至判定自己是被父母抱养而来，而书柜中或许藏着他亲生父母的资料。为此，他想要打开书柜，一看究竟。可父母总是把钥匙随身携带，让翔龙一点儿机会也没有。

所幸的是，这个猜测和担心在几天后被否定了。因为他趁父母不在家的时候，翻看了父母的衣柜，在最底层发现了自己的出生证明。

难道书房里隐藏着更大的秘密？翔龙越想越害怕，越想越担心，忍不住把这事告诉了最好的朋友小轩。小轩是一个侦探迷，他托着下巴，分析了半天，又对翔龙提了一大堆问题，最后想到一个万无一失的绝妙好计，也就是找个机会撬开书房，一看究竟。翔龙不知道这个办法好不好，正当他犹豫不决之时，书房的秘密不攻自破了。

那天放学后，翔龙打开家门，发现家里来了几位民警。父亲当着大家的面，打开书房，从上锁的书柜中拿出几本书。

“你能抓住这次清查机会，及时上交，也算是知错能改。”民警说。

“究竟是什么书，还需要交给警察保管？”翔龙没想到书柜中藏的是书——竟然没有别的秘密。但他不敢多问，只在一旁看。

“早年，我们在国外留学，一个朋友送了我们这些书。虽然书中一些章节的内容不好，但想到是朋友所赠送，也没舍得丢弃……弄得孩子也对书柜充满好奇，心神不定。”父亲一脸释然。

“已经颁布的《刑法修正案（九)》中，《刑法》第一百二十条之六规定，明知是宣扬恐怖主义、极端主义的图书、音频视频资料或者其他物品而非法持有，情节严重的，处三年以下有期徒刑、拘役或者管制，并处或者单处罚金……如果你们不趁此次小区免责收缴禁书，及时上交，收藏这类书籍即将面临牢狱之灾。这次，我们会采取集中销毁的措施来处理它们。”民警笑道。

“小区领导想得真周到，请代我谢谢他们。”翔龙的母亲说。

“自从知道新修订的《刑法》有这条规定以来，我们成天心神不宁，还把书房上锁。现在，我们总算可以把书房打开了。”父亲一脸轻松。

听到这儿，翔龙明白了不能接触宣扬恐怖主义的禁书，也明白了父母把书房上锁的真正原因，更明白了父母对他的良苦用心。

（文中人物均为化名）

法律知识链接

《刑法》第一百二十条之六规定，明知是宣扬恐怖主义、极端主义的图书、音频视频资料或者其他物品而非法持有，情节严重的，处三年以下有期徒刑、拘役或者管制，并处或者单处罚金。

本故事中，翔龙所在小区的民警安排一次免责收缴禁书，给居民以改过自新的机会，是一项很好的举措。翔龙父母主动上交禁书，避免了以后被动地被揭发追责。

23. 危险的激光笔

动物园
动物园禁止用激光笔吓唬动物。请你们离开！
艺术馆
禁止用激光笔照射古画！
用激光笔照射夜空非常危险！快住手！
激光笔，会危及飞行安全，甚至触犯法律。

暑假那段时间，小区的小伙伴们流行玩激光笔。超市、小卖部的老板看准商机，纷纷把激光笔摆上了柜台。文怀13岁，已经上初一了，可他童心未泯，看着小伙伴玩激光笔成风，忍不住也买了一支。

激光笔的直射距离很远，一眼望不到头。文怀觉得很有意思，随时随地都把激光笔带在身上，有事没事就用它朝四处一阵乱射，过足了瘾。

几天后，文怀和好朋友秦东参观动物园。为了炫耀自己的激光笔，文怀指着笼中一只酣然入睡的老虎，信誓旦旦地对秦东夸下海口，说他有办法叫醒大老虎。秦东摇摇头，不信文怀的话。

文怀让秦东别出声，只等看好戏。只见他从衣兜里悄悄拿出事先准备好的激光笔，用激光束在大老虎的头部晃来晃去。大老虎皱皱眉头，果然被惊醒了。顿时，大老虎的情绪变得很不安，在笼子里跳来跳去。

“哈哈哈……老虎都被我吓住了。”看着大老虎惴惴不安的样子，文怀发出一阵阵诡笑。

“激光笔会吓着动物们，所以动物园禁止使用激光笔。赶快收起你的激光笔，要不然给你没收了。”动物园的管理员见状，立马走过来制止文怀，并严厉地对他提出了批评、警告。文怀生怕激光笔被没收，赶紧离开了动物园。

秦东想起这几天艺术馆正在举办画展，于是提议去艺术馆看看。文怀也喜欢看画展，便和秦东一起去了艺术馆。

展厅摆满画作，风格各异，美轮美奂，让文怀和秦东大开眼界。文怀之前看过不少名画，情不自禁地对展出的画作一番评头论足。

“你看那幅仕女图，画得多么传神。”文怀指着仕女图，让秦东看。秦东摇摇头，表示没看出仕女图的传神之处。

“你看，她的眼神多传神。”文怀掏出激光笔，想用激光束指仕女图，一旁的保安叔叔见状，立马制止了他。

“画展的画怕光，所以艺术馆禁止用激光笔。”保安虎着脸说。

一连挨了两次批，文怀只得不好意思地收起激光笔。

转眼到了夏令营的时间，学校组织同学们到野外拉练。走之前，文怀悄悄把激光笔放进背包。白天，夏令营的活动丰富多彩，让文怀几乎忘记了背包里的激光笔。夜晚，老师安排大家入睡，文怀想起背包里的激光笔，顿时睡意全无。他等大家睡着之后，悄悄叫醒了秦东。

二人趁着月色，来到距离宿营地不远的草坪上。文怀用激光笔照射树木、村庄、房屋、夜空……

激光笔的光束射得很远，让秦东羡慕不已。

“我还可以用激光笔数星星。”文怀突发奇想，用激光笔指着天上的星星，一颗一颗地数起来。

“等夏令营结束，我也去买一支激光笔，看谁的激光束射得远。”秦东羡慕地说。

“激光笔是很危险的玩具，尤其不能照射夜空。”不知什么时候，班主任王老师已经站到他俩身旁。原来，他巡查同学们就寝情况的时候，发现文怀和秦东不在营地，循着激光束找来了。

文怀和秦东不解地看着王老师。

“一方面，市面上卖的激光笔和激光手电，功率基本都超过5兆瓦。如果用这些激光笔的光束直射进眼睛，很有可能会对眼睛造成伤害。一些高功率的激光笔，漫射光也可能对眼睛造成伤害，对焦后更可能点燃易燃品。裸眼暴露在激光的照耀下，即便是那些能量较低的激光笔所发出的光线，依然可能对人造成暂时性的视觉损伤，包括眩晕、闪光盲……”王老师说。

文怀和秦东想起之前挨的批评，觉得王老师说得在理。

“另一方面，也是最严重的。民用机场净空保护区域内，常有飞机经过。用激光笔射向飞机的驾驶舱绝非儿戏，可能会造成飞行员暂时性失明，影响飞行员飞行，造成严重的飞行事故。加州一对小青年用激光笔照射警方的直升机而被严惩，其中一个被判刑14年，一个作为共同被告，也面临着最高5年监禁的刑罚和25万美元罚款。”王老师还举了一些发生在国外的案例。

“玩激光笔在我国也会犯法吗？”秦东问。

“之前，我国《民用机场管理条例》的相关规定，仅限于罚款。但《刑法》第一百二十三条规定，对飞行中的航空器上的人员使用暴力，危及飞行安全，尚未造成严重后果的，处五年以下有期徒刑或者拘役；造成严重后果的，处五年以上有期徒刑……玩激光笔危及飞行安全，可能会造成严重后果，酿成惨剧而触犯法律。”王老师是一个法律爱好者，他滔滔不绝地说。

文怀和秦东没想到后果会如此严重，陷入久久沉思和后怕之中……

（文中人物均为化名）

法律知识链接

《民用机场管理条例》第四十九条第三项规定，禁止在民用机场净空保护区域内设置影响民用机场目视助航设施使用或者飞行员视线的灯光、标志或者物体。第七十九条第三项规定，违反本条例的规定，设置影响民用机场目视助航设施使用或者飞行员视线的灯光、标志或者物体，由民用机场所在地县级以上地方人民政府责令改正；情节严重的，处 2 万元以上 10 万元以下的罚款。

《刑法》第一百二十三条规定，对飞行中的航空器上的人员使用暴力，危及飞行安全，尚未造成严重后果的，处五年以下有期徒刑或者拘役；造成严重后果的，处五年以上有期徒刑。

本故事中，文怀用激光笔照射大老虎，照射艺术馆的画，都是不安全的行为。尤其后来在拉练中，用激光笔照射夜空，更有可能危及飞行人员的安全，造成飞行事故，甚至触犯法律。

24. 站在被告席上的受害者

前不久，18 岁的唐玮被人打成重伤。为了惩治坏人，他报了警。警察第一时间赶到，并抓获了犯罪嫌疑人。然而几经周折之后，唐玮反而成了被告。

半年前，唐玮收到某大学的录取通知书。为了庆祝，他约上最好的朋友米浩去 KTV，准备高歌一曲。

“哟，是什么风把唐大才子给吹来了。我们今儿不比学习，比酒量。”途中，高明、小赖迎面走来。高明、小赖是唐玮一个学校的校友，之前因为一些小事，和唐玮有一点小过节。

这次高考，高明、小赖双双落榜了。他们心情不好，喝了酒，从一家酒吧出来，见唐玮路过，心里更加不舒服。他们一人提一个啤酒瓶，故意挑衅唐玮。

“我约了好朋友米浩去 KTV 唱歌，喝不了酒的。”唐玮怯怯地说。

“我教你，你就会了。”高明愣是拿着啤酒瓶，要唐玮喝。

“不喝酒，还唱什么歌？”没想到小赖也不听他解释，一把将他按倒在地。

“放开我。”唐玮想要爬起来，结果高明也走过来，他和小赖掰开唐玮的嘴，并往他嘴里灌酒。唐玮气坏了，翻身爬起，高明、小赖愣是把啤酒瓶往唐玮头上扔。顿时，啤酒瓶被打碎，玻璃渣子掉了一地。一股股红的血从唐玮的头上冒了出来。唐玮见自己真的被打，气不打一处来，想要还手，却被小赖按在地上……

由于唐玮长得文弱，本来力气就小，高明、小赖人高马大，很快占了上风。一阵拳打脚踢之后，唐玮瘫倒在地，没了反抗之力。高明、小赖见状，怕闹出人命，一下子跑得不见踪影。

所幸的是，米浩及时赶到。米浩叫来救护车，将唐玮送进医院。经过检查，唐玮的肋骨被打断，且有多处外伤，伤情严重。

唐玮的父母第一时间赶到医院，他们看着儿子遭此毒打，立马协助唐玮报了警。高明、小赖落网归案。

“我一定要告倒他们。”病床上，唐玮狠狠地说。

“对，他们仗着自己有两个臭钱，欺人太甚。”唐玮的父母认识高明的家长，知道他家很有钱。

话音刚落，高明的家长就提着大礼包，说是探病和赔礼道歉来了。

“信封里的五万元，是给你家唐玮补身子的。但庭审的时候，你要孩子说他身上的伤不是我们家孩子打的……”高明的家长拿出一个鼓鼓囊囊的大信封，要与唐玮和解。

“这个……我到时候就说是小赖打的。”看着这么多钱，唐玮心动了。

不久，嫌疑人高明、小赖因为涉嫌故意伤害罪，被当地公安机关向人民检察院提起公诉。

庭审中，唐玮在陈述事件经过时，忽略了高明的罪行，加大了小赖的罪行陈述。

“你确定高明就没有对你动手？”司法人员询问。

“我……只记得……小赖打了我。”唐玮闪烁其词。由于唐玮的证词与案情不符，且有多处漏洞，所以案件的审理被搁浅。

“这是另外五万元，只要你能开脱我家孩子的罪行。”高明的家长再一次找到唐玮，出重金收买他。

第二次庭审，唐玮更加坚定地否认高明的罪行，把一切的罪过都推到小赖身上。

“不是我一个人所为。我不认罪。”小赖当庭否认了唐玮的证词，但是，因为找不到其他可信的证据。小赖被以故意伤害罪论处，判处有期徒刑一年零六个月，高明则无罪释放。

事情到这儿，唐玮满以为就会结束。可一个月后，他收到了法院的传票。原来，小赖以作假证将他告上了法庭。

“我死不承认，看他们拿我怎么办。”唐玮在心里暗暗地说。

可是，事情并没有唐玮想象得那样简单。因为小赖的家人找到了唐玮挨打的视频，证明唐玮的证词有误。

“《民事诉讼法》第一百一十一条规定，诉讼参与人或其他人员伪造、毁灭重要证据，妨碍人民法院审理案件的，以及以暴力、威胁、贿买方法阻止证人作证或指使、贿买、胁迫他人作伪证的，人民法院可以根据情节轻重，予以罚款、拘留；构成犯罪的，依法追究刑事责任。同时，我国《刑法》第三百零五条规定，在刑事诉讼中，证人、鉴定人、记录人、翻译人对与案件有重要关系的情节，故意作虚假证明、鉴定、记录、翻译，意图陷害他人或者隐匿罪证的，处三年以下有期徒刑或者拘役；情节严重的，处三年以上七年以下有期徒刑。”法院依据相关法律条款，判处唐玮有期徒刑一年。

“如果高明家长不用金钱诱惑，我也不会作假证……”唐玮认为高明的家长也有责任。

“《刑法》第三百零七条第一款规定，以暴力、威胁、贿买等方法阻止证人作证或者指使他人作伪证的，处三年以下有期徒刑或者拘役；情节严重的，处三年以上七年以下有期徒刑。”随后，法官以“妨害作证罪”对高明家长作出了宣判。

“任何时候，撒谎都不对。”案件结束，唐玮深有感触。

（文中人物均为化名）

法律知识链接

《民事诉讼法》第一百一十一条规定，诉讼参与人或其他人员伪造、毁灭重要证据，妨碍人民法院审理案件的，以及以暴力、威胁、贿买方法阻止证人作证或指使、贿买、胁迫他人作伪证的，人民法院可以根据情节轻重，予以罚款、拘留；构成犯罪的，依法追究刑事责任。

《刑法》第三百零五条规定，在刑事诉讼中，证人、鉴定人、记录人、翻译人对与案件有重要关系的情节，故意作虚假证明、鉴定、记录、翻译，意图陷害他人或者隐匿罪证的，处三年以下有期徒刑或者拘役；情节严重的，处三年以上七年以下有期徒刑。第三百零六条规定，在刑事诉讼中，辩护人、诉讼代理人毁灭、伪造证据，帮助当事人毁灭、伪造证据，威胁、引诱证人违背事实改变证言或者作伪证的，处三年以下有期徒刑或者拘役；情节严重的，处三年以上七年以下有期徒刑。第三百零七条第一款规定，以暴力、威胁、贿买等方法阻止证人作证或者指使他人作伪证的，处三年以下有期徒刑或者拘役；情节严重的，处三年以上七年以下有期徒刑。

本故事中，唐玮作假证，高明的父母用金钱引诱他作假证，都是违法犯罪行为，故应受到刑事处罚。

25. 两个抢劫犯的对白

再过三年零八个月，你就自由了。可我还有十年零八个月……
出去后，我一定好好做人。
啊！打劫！
要是当初理智一点，我就不会有今天。
招摇撞骗罪，判处11年。
如果当初，我听父母的话，好好上班
呜呜呜……
我们好好改造，争取能够减刑……

灵泉山风景秀丽，山幽林茂，近年来又新建了几个度假村，成为城里人休闲度假的好去处。一到夜晚，休闲度假的城里人便在度假村高声放歌，歌声婉转入耳，响彻夜空。

山腰有一座戒备森严的监狱，高墙内关押着数百名在押犯。他们一听到高墙外的自由放歌，内心就备受煎熬。

姜旭40来岁，伍晋城刚满19岁，两人“进来”已经有一段日子了。虽然年龄相去甚远，但因为是同乡，共同语言也多了起来。夜深失眠时，他们常在一起谈心。自由是他们共同的心愿，然而这些都已成为奢望。

“再过三年零八个月，你就自由了。可我还有十年零八个月……”伍晋城每天都掰着手指数日子，他说这话的时候，表情很复杂。

“出去后，我一定好好做人。”姜旭显得有些兴奋。

姜旭和伍晋城是在同一天，因为抢劫罪被判入狱，可姜旭只被判了4年，而伍晋城却被判了11年。

姜旭是一个老实本分的人，因为一时见财起意，误入歧途。一说起他的犯罪经历，他便追悔莫及……

半年前的一天下午，姜旭像平常一样急急地往家赶。当行至一处僻静的胡同时，一位打扮得珠光宝气的女士迎面而来。姜旭见四下无人，起了歹意，他趁女士不备，抢下女士的手提包，夺路而逃。没想到女士穷追不舍，情急之下，姜旭打伤女士，终抢得手提包。包内有现金500元及苹果手机一部。还没来得及挥霍所抢财物，他就被警察抓捕归案。

“要是当初理智一点，我就不会有今天。”姜旭心里特别难过。

“其实，我也是一时糊涂呀！”伍晋城长叹一声，说出了自己的犯罪经历。

伍晋城有一个幸福的家庭，父母都是工人。虽然收入一般，但父母却一点也没“亏待”过他，只要是他开口要的，除了天上的月亮，他们都会想方设法满足他。转眼，伍晋城高中毕业，因为成绩差，没能考入理想的学府，成了一名无业游民。

父母找关系、托人情，费尽周折让他进了厂子上班。可伍晋城并没有好好工作，反而和社会上一些不务正业的人混在一起。这些人基本都是“进去”过的，他们无所事事，但却过着安逸的日子。伍晋城看着人家吃香的、喝辣的，心里越来越不平衡，通过进一步的交往，他明白那些人多以偷窃、抢劫为生。

“我辛辛苦苦上班，才挣几个钱呢？”伍晋城再也无心在厂子里工作，伺机寻找抢劫的机会。

由于没有“经验”，他始终没能下手成功。看着那些同伴一个个“丰衣足食”，伍晋城更是挖空心思，寻找下手的目标。

一次偶然的机会，伍晋城在电视上看到警察来到一家手机大卖场内，收缴赌博游戏机的新闻报道。伍晋城深知，一些娱乐场所的老板为了牟取暴利，存在着利用游戏机赌博的现象。这些地下赌场往往做贼心虚，遮遮掩掩。警察一到，老板们为了保全其他游戏卖场，只得交出用于赌博的游戏机。

“哈哈，我有招了。”伍晋城想到自己这么些日子都没能动手，萌生了“当”警察的“雄心壮志”。为此，他在网上选购了一套假警服，然后再到办假证的地方办理了假警官证，还买了仿真手枪……一切就绪之后，他便开始了行动。

第一次出手，伍晋城毫不费劲地缴获两台苹果游戏机。那天，老板看着穿一身警服，显得有些威武的伍晋城，对他的“警察身份”深信不疑，老老实实地交出了店内的游戏机。事后，伍晋城还佯装警察的口气，开出一张“罚单”，让老板交了1000元罚款。得手后，伍晋城将所得赃物贱卖，挥霍了好几天。

有了第一次的“成功经验”，伍晋城变本加厉，又分别去了另外几处游戏厅“执”了几次“法”。由于他的“演技”很好，没能引起游戏厅老板们的怀疑。

正所谓“天网恢恢疏而不漏”，就在伍晋城越来越猖狂的时候，一家店主对他的警察身份产生怀疑，悄悄报警。伍晋城见势不妙，仓皇逃跑，终被抓获归案。

经过审理，法院认定伍晋城冒充人民警察招摇撞骗，构成招摇撞骗罪。最终，法院判定他罪行成立，处刑11年，罚金18000元。

“如果当初，我听父母的话，好好上班，或许现在高墙外度假村唱歌的就是我。”伍晋城悔恨交加。

“我们好好改造，争取能够减刑……”姜旭看着夜空，坚定地说。伍晋城使劲地点点头……

（文中人物均为化名）

法律知识链接

《刑法》第二百六十三条规定，以暴力、胁迫或者其他方法抢劫公私财物的，处三年以上十年以下有期徒刑，并处罚金。同条第六项还规定，冒充军警人员抢劫的，处十年以上有期徒刑、无期徒刑或者死刑，并处罚金或者没收财产。

第二百七十九条规定，冒充国家机关工作人员招摇撞骗的，处三年以下有期徒刑、拘役、管制或者剥夺政治权利；情节严重的，处三年以上十年以下有期徒刑。冒充人民警察招摇撞骗的，依照前款的规定从重处罚。

本故事中，姜旭实行的是基本的抢劫行为，但伍晋城在犯罪行为实施过程中穿警服冒充警察，犯招摇撞骗罪，情节严重，故罪加一等，从重处罚。

图书在版编目(CIP)数据

5分钟法律故事. 青少年警示篇 / 代晓琴著. —2版.
—北京：中国法制出版社，2020.11（2023.11重印）
（法律故事书系列）
ISBN 978-7-5216-1379-7

Ⅰ.①5… Ⅱ.①代… Ⅲ.①法律－中国－青少年读物
Ⅳ.①D920.5

中国版本图书馆CIP数据核字（2020）第202662号

策划编辑：戴 蕊（dora6322@sina.com）
责任编辑：程 思　　封面设计：李 宁

5分钟法律故事. 青少年警示篇

5 FENZHONG FALÜ GUSHI. QINGSHAONIAN JINGSHIPIAN

著者 / 代晓琴
经销 / 新华书店
印刷 / 三河市紫恒印装有限公司
开本 / 880毫米×1230毫米 32开　　印张 / 4.875 字数 / 88千
版次 / 2020年11月第2版　　2023年11月第6次印刷

中国法制出版社出版
书号 ISBN 978-7-5216-1379-7　　定价：25.00元

北京西单横二条2号　　值班电话：010-66026508
邮政编码100031　　传真：010-66031119
网址：http://www.zgfzs.com　　**编辑部电话：010-66066620**
市场营销部电话：010-66033393　　**邮购部电话：010-66033288**
（如有印装质量问题，请与本社编务印务管理部联系调换。电话：010-66032926）